Virginia Vail

Tierarzt-Praxis Birkenallee 7

EIN HUND ZUVIEL

Illustriert von Ines Vaders-Joch

SCHNEIDER BUCH

CIP-Titelaufnahme der Deutschen Bibliothek

Vail, Virginia:
Tierarzt-Praxis Birkenallee 7 / Virginia Vail. [Übers. aus d. Amerikan.: Renate Navé]. – München : F. Schneider.

Bd. 9. Ein Hund zuviel. – 1991
ISBN 3-505-04392-3

Frankfurter Ring 150 · 8000 München 40

Übersetzung aus dem Amerikanischen von Renate Navé
Originaltitel: ANIMAL INN – ONE DOG TOO MANY

Umschlagbild: Richard Williams
Umschlagkonzeption: Angelika Bachmann
Illustrationen: Ines Vaders-Joch
Herstellung: Gabi König
Satz/Druck: Presse-Druck Augsburg, 11' Garamond
ISBN: 3-505-04392-3

„Ich wette, Doktor, so ein Patient ist Ihnen noch nie untergekommen."

Der Tierarzt warf einen Blick in den Wagen. „Wissen Sie was, Herr Zarfoss? Sie liegen mit Ihrer Vermutung ganz richtig." Er rieb sich seinen graumelierten Bart. „Toby, hol eine alte Decke, du weißt schon, eine von den Pferdedecken, die im Geräteschuppen liegen. Such die schäbigste aus. Und dann wickelst du bitte den Hund darin ein, damit wir ihn aus dem Wagen heben können, ohne noch mehr Schmutz zu machen. Und du, Linda, du holst bitte das Terpentin aus dem Stall."

„Terpentin?" wunderte sich Linda. „Wieso..."

„Bitte tu, was ich dir sage, Kleines", schnitt ihr der Vater das Wort ab.

Als sie mit der Dose Terpentin zurückkam, hatten der Tierarzt und Toby den Hund bereits aus dem Wagen gehoben und auf den Boden gestellt. Mit wackeligen Beinen stand er auf der Decke und ließ traurig den Kopf hängen.

In diesem Augenblick kam Donna Hartman auf sie zu und rief bestürzt: „O mein Gott! Das arme Tier! Wie ist denn das passiert?"

Linda erzählte, wie sie und Herr Hoffman den Hund aus dem Teerbecken gezogen hatten. Dann wandte sie sich an ihren Vater. „Ist der Teer gefährlich? Glaubst du, er kann daran sterben?"

Inhalt

Mit Blaulicht und Sirene

Linda Taylor rannte auf den Ball zu und streckte die Arme danach aus. Kaum hatte sie ihn erwischt, versuchte sie, sich dem gegnerischen Tor zu nähern.

„Gut so, Linda!“ feuerte Sarah Johnes sie an. Sarah war die beste Handballspielerin der Mädchenmannschaft des Hamilton-Gymnasiums. Im Augenblick ging es recht locker zu, denn Linda und ihre Freundinnen spielten nur zu ihrem Vergnügen.

Linda blickte sich rasch um und warf Jill Dearborne, ihrer besten Freundin, den Ball zu. Diese konnte ihn zwar auffangen, aber machte ein ratloses Gesicht. Sie war noch nie eine gute Sportlerin gewesen.

„Was soll ich tun?“ fragte Jill hilflos.

„Werfen, werfen!“ riefen ihr die Mädchen ihrer Mannschaft zu.

„Wohin denn?“

Doch bevor Jill weitere Ratschläge erhielt, stürmte Linda auf sie zu, und ehe Jill kapiert hatte, daß sie den Ball dem Mädchen vor sich zuspielen sollte, hatte Linda ihn ihr aus der Hand geschlagen und in das gegnerische Tor geworfen.

„Wir haben gewonnen!“ jubelte Sarah und klopfte Linda anerkennend auf die Schulter. „Wenn du zu Beginn der Sommersaison so toll in Form bist wie jetzt, werden die *Raiders* sicher Mannschaftssieger."

Linda strich sich ein paar Haarsträhnen aus dem Gesicht und grinste Sarah an. „Da wäre ich mir nicht so sicher. Denn bei einem richtigen Spiel wissen die Gegner, was sie mit dem Ball tun müssen." Sie lächelte Jill zu, die soeben mit ihrer Mannschaft das Spielfeld verließ. Ihr Gesicht war knallrot vor Anstrengung, und die blonden Haare hingen ihr wirr in die Stirn.

Sie warf Linda einen finsteren Blick zu und rief: „Und so was will meine Freundin sein! Du weißt ganz genau, daß ich im Sport eine Niete bin. Ich habe mich zu diesem dämlichen Handballspiel nur überreden lassen, weil ihr nicht genügend Spielerinnen auftreiben konntet."

„Aber Jill, für deine Verhältnisse warst du große Klasse", versuchte Sarah sie zu beschwichtigen und wollte auch ihr auf die Schulter klopfen, doch Jill konnte ihr gerade noch rechtzeitig ausweichen.

„Danke, Sarah", sagte sie, „aber wenn ihr wieder mal nach der Schule trainieren wollt, dann rechnet nicht mit mir."

Die Mädchen packten ihre Sachen zusammen und verließen den Sportplatz.

Linda hängte sich ihren Turnbeutel über die Schulter und wandte sich Jill zu. „Hast du Lust, bei mir zu Hause ein Glas Limo zu trinken? Ich weiß nicht, wie groß dein Durst ist, aber ich bin schier am Verdursten."

„Ich auch", sagte Jill und lächelte wieder. Linda war von Anfang an klar gewesen, daß ihre Freundin nicht wirklich böse auf sie war. „Ich würde gerne mitkommen, aber ich habe meiner Mutter versprochen, daß ich sie um halb fünf vom Büro abhole." Frau Dearborne war Innenarchitektin, die einzige in der Kleinstadt Essex. „Sie will mein Zimmer neu herrichten, und wir wollen heute gemeinsam die Tapete und andere Sachen besorgen. Aber ruf mich doch am Abend an. Dann können wir noch über den Englischaufsatz reden, den wir für morgen aufhaben!" Sie seufzte und fuhr fort: „Das ist doch wirklich das Letzte, daß uns Herr Steele schon am ersten Schultag eine Hausaufgabe gegeben hat!"

Linda zuckte mit den Achseln. „Das ist typisch für ihn. Aber er ist nicht der einzige. Man könnte meinen, die Lehrer wären heilfroh, daß die Schule wieder angefangen hat und sie uns endlich das Leben wieder schwermachen können."

Die beiden Freundinnen gingen auf ihre Fahrräder zu, die am Zaun des Sportgeländes lehnten.

„Ich weiß schon, worüber ich schreiben werde", sagte Linda. „Über die Tierfänger."

Im August hatte sie nämlich mit ihrem Freund Toby dem Polizeiinspektor geholfen, die Tierfänger, die mehrere Hunde und Katzen gestohlen hatten, zu überführen. Der Fall hatte sogar im Tagesanzeiger von Essex gestanden, und Lindas und Tobys mutiger Einsatz wurde besonders hervorgehoben.

Jill schwang sich auf ihr Rad und sagte: „Gute Idee. Aber worüber könnte ich schreiben? Ich habe nichts Interessantes in den Ferien erlebt."

„Klar hast du", meinte Linda. „Du warst doch mit deinen Eltern zwei Wochen lang auf Cap Cod. Das ist doch ein schönes Thema."

„Ja, warum nicht." Jill trat in die Pedale. „Wir reden abends noch darüber. Tschüß!"

Da auch die anderen Mädchen gegangen waren, setzte sich Linda ebenfalls auf ihr Rad, um nach Hause zu fahren. Als sie in die Marktstraße einbog, stellte sie fest, daß es erst Viertel nach vier war, und so beschloß sie kurzerhand, in die Birkenallee zu fahren, wo die Tierklinik ihres Vaters lag. Wenn sie die Abkürzung über die Yorkstraße nahm, würde sie in fünfzehn Minuten dort sein. Die Zeit würde gerade noch für einen Ausritt auf Gray Ghost reichen, der im Stall der Tierklinik untergebracht war. Anschließend könnte sie mit ihrem Vater nach Hause fahren.

In dem Stall, in dem der Apfelschimmel stand, befanden sich auch die Käfige mit den kranken Tieren, die stationär behandelt werden mußten. Linda liebte ihren Wallach über alles. Doch sie hatte ihm gegenüber oft ein schlechtes Gewissen, weil sie nicht genügend Zeit für ihn hatte. Aber jetzt würden sie noch einen herrlichen Ausritt über die Felder machen, die sich gleich hinter dem Tier-Treff, wie die Klinik im allgemeinen genannt wurde, erstreckten. Sie trat fest in die Pedale, um ja keine Zeit zu verlieren.

Sie fuhr auf einer Straße mit vielen Schlaglöchern und kam nur langsam voran. Gerade als sie an einer langen Mauer, hinter der sich der Abstellplatz für die Lastwagen vom Straßenbau befand, vorbeifuhr, vernahm sie einen Hilferuf. Zuerst dachte sie, sie hätte sich vielleicht geirrt, aber dann hörte sie ganz deutlich, wie eine Männerstimme um Hilfe rief.

Linda sah, daß eines der Tore geöffnet war. Sie stieg vom Rad und schob es in den Hof hinein. Doch weit und breit war kein Mensch zu sehen, denn die Lastwagen versperrten ihr die Sicht.

„Hilfe!" tönte es wieder.

Linda ging weiter und rief: „Wo sind Sie denn?"

„Hier, beim Teerbecken!"

Linda legte das Fahrrad auf den Boden und zwängte sich zwischen den Lastwagen hindurch, bis sie auf einem freien Platz stand. Vor einer großen Garage war ein Mann über ein Becken gebeugt. Als er sie kommen hörte, blickte er auf und winkte ihr zu. Linda sah, daß seine Hand pechschwarz war. Mit der anderen schien er etwas in dem Teerbecken festzuhalten.

„Komm her!" rief der Mann, der, nach seiner hellbraunen Uniform zu schließen, ein Wächter sein mußte. Er hatte graues, gelichtetes Haar, und seine Uniform war übersät mit Teerflecken. Als Linda schließlich neben ihm stand, meinte er enttäuscht: „Ach, du bist ja noch ein halbes Kind!"

„Was ist denn passiert?" fragte Linda. Doch da fiel ihr Blick in das Teerbecken, und sie schrie entsetzt auf: In dem Becken steckte bis zum Hals ein kleiner Hund.

Sein Fell war voller Teer, so daß Linda nicht erkennen konnte, um welche Hunderasse es sich handelte.

Der Wächter hielt seinen Kopf nach oben, damit er atmen konnte.

Ohne zu zögern tauchte Linda ihre Hände in die klebrige, pechschwarze Masse und packte den Hund am Oberkörper. „Ziehen Sie mit an!“ rief sie dem Mann zu. „Halten Sie ihn am Halsband fest. Zu zweit schaffen wir es schon, ihn da herauszuholen.“

Der Wächter zerrte am Halsband des Hundes, doch dieser biß vor Angst zu, so daß der Mann ihn beinahe wieder losgelassen hätte.

„Ziehen Sie weiter“, sagte Linda und versuchte, den Hund aus der klebrigen Masse zu befreien.

„Was ist aber, wenn er Tollwut hat?“ protestierte der Wächter. „Wenn er mich beißt, bekomme ich sie auch.“

Linda sah den Mann prüfend an. Er war ziemlich klein und schmächtig. „Er kann Sie nicht beißen, wenn Sie ihn am Nacken packen“, sagte sie. „Also ziehen Sie noch einmal fest an.“

Endlich gelang es ihnen, den Hund aus dem Teerbekken zu heben. Sie stellten ihn auf den Boden, aber er vermochte sich nicht auf den Beinen zu halten und legte sich hin. Sein Fell war vollkommen mit Teer verklebt.

„Geschafft!“ sagte Linda mit einem Seufzer der Erleichterung. Auch sie war von Kopf bis Fuß mit Teer verschmiert. Selbst an ihren Joggingschuhen klebte das schwarze Zeug. Die Uniform des Wächters sah nicht viel besser aus.

„Unglaublich“, meinte der Mann und starrte auf das schwarze Teerknäuel, das vor seinen Füßen lag. „Ich

habe zehn Jahre beim Straßenbau gearbeitet, aber so etwas ist mir noch nicht untergekommen." Dann schaute er Linda an: „Danke, Mädchen. Ein wahres Glück, daß du vorbeigekommen bist. Sieht man dir gar nicht an, daß du so stark bist."

Linda hörte ihm nicht mehr zu, denn ihr Augenmerk galt nur dem Hund. Sie kniete sich vor ihm nieder und sah sich seine Augen aus der Nähe an. Sie waren groß und braun und blickten sie verängstigt an. „Wir müssen ihn sofort zum Tier-Treff bringen", sagte sie. „Mein Vater weiß sicher, wie man ihn wieder sauberkriegt."

Der Wächter sah sie erstaunt an. „Tier-Treff? Ist das nicht die Tierklinik in der Birkenallee? Dann ist ja Doktor Taylor dein Vater?"

„Ja, ganz recht", erwiderte Linda. „Ich bin Linda Taylor." Sie stand wieder auf. „Aber wer kann mich dort hinfahren?"

Der Mann kratzte sich am Kopf und stellte dabei fest, daß selbst an seinen Haaren Teer klebte. „Keine Ahnung", sagte er. „Ich muß leider so lange hierbleiben, bis der Nachtwächter mich ablöst, und der kommt nicht vor sechs. Außer mir ist kein Mensch da."

„Aber es handelt sich um einen Notfall!" empörte sich Linda.

Der Mann betrachtete den Hund und nickte. „Du hast ja recht, Mädchen. Wie war doch dein Name?"

„Linda. Bitte, Herr..."

„Hoffman, Del Hoffman."

Linda trat unruhig von einem Fuß auf den anderen.

„Herr Hoffman, es muß hier doch wenigstens ein Telefon geben. Ich werde meinen Vater anrufen, damit er einen Wagen herschickt. Wenn der Hund nicht bald in die Klinik kommt, stirbt er womöglich."

„Ein Telefon ist gar nicht nötig", meinte der Wächter. „Ich habe ja ein Sprechfunkgerät an meinem Gürtel. Ich brauche nur die Polizei zu verständigen, und in wenigen Minuten ist sie da."

Linda konnte sich vor Ungeduld kaum noch beherrschen und schrie: „Ja, dann tun Sie es doch endlich, Mann!"

„Nicht so hastig, Belinda", brummte der Mann und hielt das Sprechfunkgerät an den Mund. „Hallo, Chuck, hörst du mich? Hier spricht Del. Wir haben da ein Problem... Ein Hund ist in ein Teerbecken gefallen, und wir müssen ihn schnellstens zum Tierarzt bringen, haben aber keinen Wagen. Schickst du uns bitte einen Streifenwagen vorbei?"

Eine Stimme brummte etwas, das Linda nicht verstehen konnte, zum Glück aber Herr Hoffman, denn er erwiderte: „Keine Ahnung, wie der dämliche Hund da hineingefallen ist. Aber das ist im Augenblick nicht so wichtig. Schick den Wagen, aber rasch, denn sonst krepiert der Hund noch. Ende der Durchsage."

„Wir müssen ihn in etwas einwickeln, damit er den Autositz nicht verschmiert", sagte Linda.

„In der Garage sind alte Zeitungen. Ich hol' ein paar. Bleib du solange hier. Ich bin gleich zurück."

Der Wächter stapfte davon, und Linda beugte sich

2 4392-8

über das schwarze Teerknäuel, das zu ihren Füßen lag. „Nur keine Angst, mein Kleiner", redete sie mit sanfter Stimme auf den Hund ein. „Ich weiß zwar nicht, ob Paps schon einen Fall wie deinen gehabt hat, aber das spielt keine Rolle. Er ist ein so guter Tierarzt, daß er sicherlich auch dir helfen kann."

Unwillkürlich streckte sie die Hand nach dem Hund aus, und diese blieb prompt an dem teerverschmierten Fell kleben. Einen Augenblick lang dachte sie, sie würde daran haftenbleiben, doch als Herr Hoffman mit einem Pack Zeitungen zurückkam, hatte sie ihre Hand wieder frei.

„Da hast du, Belinda", sagte der Wächter und grinste. „Vielleicht solltest auch du dich in Zeitungspapier einwickeln, bevor du in den Streifenwagen einsteigst. Denn du siehst nicht viel besser aus als der Hund."

Einen Augenblick später hörten sie schon die Sirene des Polizeiautos, und Linda rannte auf das Tor zu. „Hierher! Der Hund ist hier!" rief sie heftig winkend dem Polizisten zu.

Der Streifenwagen raste in den Hof und blieb laut quietschend vor dem Teerbecken stehen. Der Polizist stieg aus, und Linda breitete rasch ein paar Zeitungen auf dem Rücksitz des Wagens aus. Nachdem sie Platz genommen hatte, reichte ihr der Wärter den Hund in den Wagen. Der Polizist stieg wieder ein und ließ den Motor an.

„Auf Wiedersehen, Herr Hoffman!" rief Linda aus dem Wagenfenster. „Ich halte Sie auf dem laufenden!"

„Ja, tu das, Lilo", rief ihr der Wächter nach.

Fünf Minuten später bog das Polizeiauto in die Birkenallee ein und blieb vor der Tierklinik stehen.

„Stellen Sie bitte den Wagen auf den Parkplatz dort drüben", sagte Linda zu dem Polizisten. „Ich hole rasch meinen Vater."

Sie sprang aus dem Auto und rannte auf den Eingang zu. Da es schon ziemlich spät war, saßen nur noch wenige Leute im Wartezimmer, das durch einen Schreibtisch und einen Aktenschrank von der *Anmeldung* getrennt war. Die Hunde bellten aufgeregt durcheinander, und die Katzen miauten, denn die Autosirene hatte sie ebenso erschreckt wie ihre Besitzer, die Linda mit tausend Fragen bestürmten, als sie auf die Sprechstundenhilfe zueilte.

Doch Linda hatte jetzt keine Zeit, darauf zu antworten. „Wo ist Paps?" fragte sie Pat Dempwolf, die gerade an einem Kinderpullover strickte und vor Schreck ein paar Maschen fallen ließ, als Linda von oben bis unten mit Teer beschmiert vor ihr stand.

„Er ist im zweiten Behandlungszimmer", sagte Pat. „Was ist denn passiert?"

„Das erzähle ich dir später." Linda riß die Tür zum Behandlungszimmer auf.

Ihr Vater hatte gerade die Untersuchung einer trächtigen Katze beendet und beruhigte Frau Ryder, die ein bekümmertes Gesicht machte: „Machen Sie sich keine Sorgen, Ihre Katze ist bei bester Gesundheit."

Da erblickte er Linda und fragte verwundert: „Wo

kommst du denn her?"

„Paps, wir haben einen Notfall!" erwiderte Linda atemlos. „Bitte komm sofort mit hinaus."

Dr. Taylor nahm die Katze vom Behandlungstisch und legte sie behutsam Frau Ryder in den Arm. „Entschuldigen Sie mich bitte. Aber Sie haben ja gehört, es handelt sich um einen Notfall."

Die Frau drückte die Katze liebevoll an sich und trippelte zur Tür hinaus. Der Tierarzt wusch sich die Hände.

„Paps, bitte, beeil dich!" drängte Linda. „Draußen ist ein Hund... und die Polizei... Komm schon!"

„Ja, ja, ich komme ja schon. Sagtest du, die Polizei ist da? Und wo ist der Hund? Wieso bist du voller Teer? Du siehst ja beinahe so aus, als wärst du in ein Teerfaß gefallen."

„Das wäre ich auch beinahe", erwiderte Linda. „Und Herr Hoffman auch. Er hat die Polizei gerufen, und die hat mich und den Hund hierhergefahren. Der Hund ist wirklich in ein Teerbecken gefallen..."

„Wessen Hund? Der von Herrn Hoffman? Wo ist denn der Hund?" Ihr Vater war sichtlich verwirrt.

„Der Hund ist draußen", meinte Linda ungeduldig und zog ihren Vater aus dem Behandlungszimmer. „Er ist in ein Teerbecken gefallen. Auf dem Lkw-Abstellplatz in der Codorusstraße. Herr Hoffman und ich haben ihn herausgezogen. Er sieht ziemlich schlimm aus. Du mußt unbedingt sein Fell wieder sauberkriegen, sonst überlebt er nicht."

Ein langer Tag

Als Linda und ihr Vater zum Parkplatz der Tierklinik gingen, sahen sie, wie Toby Curran durch das Heckfenster in das Polizeiauto spähte.

Toby, der ein Jahr älter war als Linda, arbeitete ebenfalls nach der Schule im Tier-Treff. Als er die Schritte der beiden vernahm, drehte er sich augenblicklich um. „Wenn man nicht wüßte, daß es ein Hund ist, würde man es nie erraten", sagte er zu Dr. Taylor.

„Da hast du völlig recht", stimmte der Polizist hinter dem Steuer ihm zu. „Ich wette, Doktor, so ein Patient ist Ihnen noch nie untergekommen."

Der Tierarzt warf einen Blick in den Wagen. „Wissen Sie was, Herr Zarfoss? Sie liegen mit Ihrer Vermutung ganz richtig." Er rieb sich seinen graumelierten Bart. „Toby, hol eine alte Decke, du weißt schon, eine von den Pferdedecken, die im Geräteschuppen liegen. Such die schäbigste aus. Und dann wickelst du bitte den Hund darin ein, damit wir ihn aus dem Wagen heben können, ohne noch mehr Schmutz zu machen. Und du, Linda, du holst bitte das Terpentin aus dem Stall."

„Terpentin?" wunderte sich Linda. „Wieso..."

„Bitte tu, was ich dir sage, Kleines", schnitt ihr der Vater das Wort ab.

Als sie mit der Dose Terpentin zurückkam, hatten

der Tierarzt und Toby den Hund bereits aus dem Wagen gehoben und auf den Boden gestellt. Mit wackeligen Beinen stand er auf der Decke und ließ traurig den Kopf hängen.

In diesem Augenblick kam Donna Hartman, die im Hundesalon der Tierklinik arbeitete, auf sie zu und rief bestürzt: „O mein Gott! Das arme Tier! Wie ist denn das passiert?“

Linda erzählte nun zum dritten Mal, wie sie und Herr Hoffman den Hund aus dem Teerbecken gezogen hatten. Dann wandte sie sich an ihren Vater. „Ist der Teer gefährlich? Glaubst du, er kann daran sterben?“

Dr. Taylor schüttelte den Kopf. „Nein, sicherlich nicht. Außer er hat von dem Zeug eine Menge geschluckt, bevor ihr ihm zu Hilfe gekommen seid.“ Er kniete sich neben dem Hund nieder, hob seinen Kopf und schaute ihm ins Maul. „Sieht nicht so aus, als hätte er Teer geschluckt“, stellte er fest. Linda atmete erleichtert auf. Ihr Vater wischte sich die Hände an der Decke ab und erhob sich. „Doch je früher wir sein Fell sauberkriegen, desto besser“, meinte er.

Der Polizist lehnte sich aus dem Wagenfenster und rief Frau Hartman zu: „He, Donna, das ist doch was für dich. Du bist doch eine wahre Meisterin im Waschen und Trimmen!“

Donna meinte lachend: „Ich glaube, bevor ich damit fertig wäre, käme mein Baby auf die Welt. In sechs Wochen ist es nämlich soweit.“

„Ja, dann wird es wohl Ihre Aufgabe sein, Doktor.

Aber die beiden jungen Leute werden Ihnen sicher zur Hand gehen", meinte der Polizist. „Viel Glück!"

Er ließ den Motor an, und Dr. Taylor rief ihm zu: „Vielen Dank, Herr Zarfoss."

„Ja, vielen Dank", sagte Linda. „Mit dem Fahrrad hätte ich es nie geschafft. Oh... mein Fahrrad! Das habe ich doch glatt vergessen. Es steht noch immer auf dem Lkw-Platz."

„Mach dir deshalb keine Sorgen", meinte ihr Vater, nachdem der Polizist weggefahren war. „Das holen wir später ab. Jetzt müssen wir uns zuerst um den armen Hund kümmern."

„Ja, und ich muß mich ebenfalls wieder an die Arbeit machen", meinte Donna. „Im Salon wartet ein Pudel auf mich, dem ich die Krallen schneiden soll. Soll ich Pat sagen, daß sie für die Patienten, die noch da sind, einen neuen Termin ausmacht?"

Der Tierarzt nickte. „Ja, das wäre am besten. Nur die dringenden Fälle sollen bleiben."

„Geht in Ordnung, Doktor", sagte Donna und warf noch einen letzten Blick auf den teerverschmierten Hund, ehe sie ging. „Selbst wenn Sie dieses Zeug entfernen können, so wird sein Fell arg in Mitleidenschaft gezogen sein. Wahrscheinlich wird auch seine Haut entzündet sein. Ich habe milde Shampoos und ausgezeichnete Lotions. Bringen Sie mir den Hund, dann bekommt er eine Spezialbehandlung." Sie zwinkerte dem Tierarzt zu und fügte noch hinzu: „Für Sie natürlich alles kostenlos!"

Dr. Taylor lächelte und sagte: „Danke, Donna. Wir nehmen Ihr Angebot gerne an.“

Als Donna gegangen war, fragte Linda ihren Vater: „Und womit wollen wir beginnen?“

„Doktor, wenn Sie Linda und mir sagen, was wir tun müssen, dann werden wir beide den Hund in null Komma nichts sauber haben“, meinte Toby zuversichtlich.

„Dessen wäre ich mir nicht so sicher“, erwiderte Dr. Taylor. „Es wird zwar nicht sechs Wochen dauern, aber rasch wird es sicher nicht gehen. Außerdem ist es eine ziemliche Drecksarbeit. Ich möchte nicht wissen, was deine Mutter sagen wird, wenn deine Kleidung voller Teerflecke ist.“

Toby zuckte mit den Achseln. „Die Jeans sind uralt und das Hemd ebenso. Aber ich werde Mama trotzdem anrufen, damit sie weiß, daß ich später nach Hause komme.“

„Könntest du bitte bei dieser Gelegenheit auch bei uns zu Hause anrufen und Frau Racer ausrichten, daß es etwas später wird?“ bat Linda.

Frau Racer war die Haushälterin der Taylors, die sich seit dem Tod von Lindas Mutter um sie und ihre beiden jüngeren Geschwister kümmerte.

Während Toby telefonierte, sagte Dr. Taylor zu Linda: „Tauche zwei Lappen in Terpentin ein. Du wirst sehen, damit läßt sich der Teer gut entfernen. Zu dumm, daß der Kleine ein so langes Fell hat!“

Dann begannen sie beide, das Fell mit den Lappen

abzureiben. Der Hund hielt ganz still, als wüßte er, daß sie ihm helfen wollten. Der Tierarzt konzentrierte sich auf den Kopf und achtete darauf, daß kein Terpentin in die Augen des Tieres gelangte. Linda rubbelte sein Hinterteil und stellte bald fest, daß ihr Vater recht hatte, als er eine langwierige Arbeit vorausgesagt hatte.

„Hast du nachgesehen, ob er eine Hundemarke am Halsband trägt", fragte Linda. „Er muß doch irgend jemandem gehören, und sein Besitzer macht sich wahrscheinlich schon große Sorgen um ihn."

„Das habe ich bereits getan. Er hat keine." Dr. Taylor legte das Halsband auf den Boden. „Aber vielleicht steht morgen eine Vermißtenmeldung im Tagesanzeiger."

Als Toby vom Telefonieren zurückkam, wurde ihm der mittlere Teil des Hundekörpers zugewiesen. „Puh, das Zeug stinkt aber", stellte er naserümpfend fest.

„Deshalb reinigen wir ihn ja auch im Freien und nicht drinnen", erwiderte der Tierarzt. „Zum Glück ist heute ein warmer, sonniger Tag."

„Toby, gib mir einen neuen Lappen", bat Linda. „Dieser hier ist schon ganz schwarz. Dabei ist noch nicht einmal der ganze Schwanz sauber."

Eine Stunde später gingen Donna und Pat nach Hause, und Mike Strickler kam, um den Nachtdienst anzutreten. Er kümmerte sich auch an den Wochenenden um die Tiere in der Krankenstation.

Dr. Taylor, Linda und Toby hatten fast das ganze

Terpentin aufgebraucht, mehrere Lappen benützt, und dennoch: der Hund sah nicht viel besser aus als zuvor. Dafür waren sie selbst alle von Kopf bis Fuß mit Teer verschmiert. Linda wurde allmählich mutlos, Toby klagte über Hunger, der Hund begann zu winseln, und auch Dr. Taylor machte ein brummiges Gesicht.

Linda erhob sich mühsam, denn ihre Beine waren vom Hocken ganz steif geworden. Sie rieb sich den Rücken und meinte: „Wenn wir so weitermachen, sind wir noch am Abend da."

„Ich habe meiner Mutter nicht gesagt, daß es Abend werden könnte." Toby warf einen Blick auf seine Armbanduhr, deren Ziffernblatt ebenfalls mit Teer verschmiert war. „Es ist bereits halb sieben."

„Toby, du kannst ruhig nach Hause gehen", sagte der Tierarzt müde. „Danke, daß du uns geholfen hast. Das war wirklich nett von dir."

Der Junge zögerte einen Augenblick, bevor er sagte: „Okay. Dann bis morgen. Sagen Sie, wohin geben Sie ihn denn über Nacht? Ich meine, wo soll er schlafen?"

„Wenn ich das nur wüßte", erwiderte Dr. Taylor. „Aber mir wird schon noch was einfallen. Bis morgen, Toby."

Toby ging zu seinem Fahrrad, und Linda setzte sich neben den Hund auf den Boden. „Mein armer Kleiner", sagte sie und streichelte seinen klebrigen Kopf. „Ich wette, dir ist noch immer elend zumute." Sie blickte zu ihrem Vater hoch. „Was könnten wir denn sonst mit ihm tun?" fragte sie. „Ich bezweifle nämlich, daß wir ihn mit Terpentin allein sauberkriegen." Der Hund leckte ihr das Gesicht. „Wenigstens ist er uns nicht böse", meinte sie lächelnd.

„Ja, er hat ganz offenkundig einen guten Charakter", pflichtete ihr Dr. Taylor bei. „Wir müssen wirklich alles tun, was in unserer Macht steht, um ihm zu helfen. Deshalb werde ich auch eine intensive Behandlung vornehmen."

„Und wie soll die aussehen?"

„Wir kriegen das Fell nie sauber, denn es ist zu dicht und zu lang. Deshalb schlage ich vor, daß du dir von Donna eine Schere ausborgst, oder besser gleich zwei. Und dann werden wir unserem Patienten das Fell stutzen. Es muß kein professioneller Schnitt sein, wie einer von Donna, die Hauptsache ist, das Fell wird wieder sauber."

Linda nickte zustimmend und meinte: „Du hast recht, Paps. Aber wahrscheinlich müssen wir dann Donnas Scheren durch neue ersetzen."

Sofort rannte sie in den Hundesalon, der im Tier-Treff untergebracht war, und kam wenige Minuten später mit mehreren blitzblanken Scheren zurück. Und wieder begann sie beim Hinterteil des Hundes und stutzte diesmal das Fell so kurz wie möglich, während Dr. Taylor sich am Kopf des Hündchens zu schaffen machte. Als sie sich schließlich in der Mitte trafen, stand der Hund bis zu den Knien in seinem geschorenen Fell. Er hatte jetzt nur noch ganz kurze schwarze Stifte, zwischen denen helle Stellen hervorschimmerten.

Er sah richtig ulkig aus, und wäre Linda von der stundenlangen Arbeit nicht so müde gewesen, wäre sie bei seinem Anblick sicherlich in schallendes Gelächter ausgebrochen.

„Wo wird er heute nacht schlafen?" fragte sie ihren Vater. „Wir können ihn unmöglich auf die Krankenstation bringen, denn er stinkt noch immer viel zu sehr. Aber vielleicht könnten wir ihn mit..."

„Ja, wir nehmen ihn mit nach Hause und bringen ihn in der Garage unter", unterbrach sie ihr Vater, der ihren Gedanken erraten hatte. „Wir können ihn in einen Korb legen, und morgen werden wir uns was anderes einfallen lassen müssen, wie wir den restlichen Teer entfernen. Aber jetzt müssen wir erst einmal den ganzen Mist hier wegschaffen."

Es dämmerte bereits, als sie die schmutzigen Lumpen und Fellbüschel in die Decke wickelten. Gerade als sie das Bündel in einen großen Plastiksack werfen wollten, kam Mike Strickler aus der Tierklinik.

Der drahtige alte Mann ging auf sie zu und starrte den Hund an. „Mein Gott, wie sieht denn der arme Kerl aus", staunte er. „Donna hat mir schon erzählt, was mit ihm passiert ist. Ein Glück, Linda, daß du gerade im rechten Augenblick vorbeikamst, denn sonst wäre Del Hoffman wahrscheinlich noch selbst in das Teerbecken gefallen. Er scheint schließlich nicht der Hellste zu sein, wenn er sogar vergessen hat, eines der Tore zu schließen. Kann ich irgendwie helfen?"

„Ja, Mike, Sie könnten uns noch eine alte Decke aus

dem Schuppen holen", erwiderte Dr. Taylor. „Wir nehmen nämlich den Hund mit nach Hause. Ich bin noch nicht dazugekommen, Ihnen die Anweisungen für heute nacht aufzuschreiben. Aber da keine neuen Patienten hinzugekommen sind, können Sie die von gestern befolgen."

„Paps, laß mich die Decke holen, denn bei dieser Gelegenheit werfe ich noch rasch einen Blick in Ghosts Box", schlug Linda vor.

Sie ging in den großen Stall, vorbei an den Käfigen, in denen die verschiedensten Tiere untergebracht waren, und blieb schließlich vor Gray Ghosts Box stehen. Der Wallach hatte eine besonders große, an deren Tür ein Holzschild mit dem Namen des Apfelschimmels angebracht war. Als er Lindas Stimme vernahm, streckte er seinen Kopf aus der Box und wieherte freudig. Normalerweise hätte Linda die Arme um seinen Hals geschlungen, aber da ihre Hände noch mit Teer beschmiert waren und nach Terpentin rochen, streichelte sie nur kurz mit dem Handrücken über seine samtige Nase.

„Tur mir leid, Ghost", sagte sie. „Ich hatte mir fest vorgenommen, heute mit dir auszureiten, aber da kam die Sache mit dem Hund dazwischen, und Paps und ich haben bis jetzt versucht, sein Fell sauberzukriegen. Jetzt sieht er schon wieder ganz passabel aus. Wir nehmen ihn mit nach Hause."

Ghosts Nüstern bewegten sich, als er das Terpentin roch. Er schnaubte und warf den Kopf zurück.

„Morgen, wenn ich wiederkomme, wird der Geruch weg sein“, sagte Linda zu dem Pferd. „Und nach der Arbeit werden wir einen schönen Ausritt machen. Das verspreche ich dir. Ich muß jetzt leider gehen. Aber Mike wird dich noch auf die Koppel führen.“ Sie klopfte noch einmal liebevoll auf seinen Nasenrücken und ging dann die Decke holen.

Als sie durch den Stall zurückging, winkte sie einer Kuh, drei Schafen und einer Ziege zu. „Bis morgen, meine Lieben!“ rief sie. „Gute Nacht.“

Ihr Vater hatte inzwischen den blauen Kombiwagen der Tierklinik aus der Garage gefahren. Linda wickelte den Hund in die Decke ein. Während sie in das Auto stieg, hielt Mike ihn im Arm. Dann legte er ihn vorsichtig neben Linda auf die Rückbank.

„Danke, Mike“, sagte Linda, und gleich darauf fuhren sie los. Der Hund drängte sich näher an Linda heran und legte seinen Kopf auf ihr Knie. Linda streichelte behutsam sein borstiges Fell. „Keine Sorge, mein Kleiner“, flüsterte sie, „wir kümmern uns schon um dich, bis sich dein Herrchen gemeldet hat. Ich wette, du hast einen Bärenhunger. Ich aber auch. In ein paar Minuten sind wir zu Hause, und dann wird ordentlich gefuttert.“

Andy

Als der blaue Kombi in die schmale Seitenstraße einbog, in der das alte Landhaus der Tierarztfamilie stand, war bereits die Dunkelheit hereingebrochen. Linda sprang aus dem Wagen, um das Garagentor zu öffnen und das Licht anzudrehen. Der alte grüne Pkw ihres Vaters nahm zwar die ganze Garage ein, aber in irgendeiner Ecke würde sich schon noch ein Plätzchen für einen Hundekorb finden. Doch woher sollte sie einen geeigneten Korb nehmen, fragte sie sich. Zur Not ginge vielleicht auch Erins altes Puppenbett? Nein, das war doch zu klein! Und Teddys Spielzeugkiste? Die hatte den Nachteil, daß womöglich nachts der Deckel zuklappte. Doch plötzlich fiel ihr die alte Wiege ein, in der sie selbst und später Erin und Teddy gelegen hatten. Sie mußte irgendwo im Keller stehen. Ja, da hinein könnte man den Hund legen. Und auf die Matratze würde sie noch eine flauschige Decke breiten, damit der Kleine nicht fror. Die Wiege war auch tief genug, so daß er nicht herausklettern konnte.

Als sie wieder aus der Garage trat, sah sie, wie die Hintertür des Hauses aufsprang und Jocko, ihr schwarz-weiß gefleckter Mischlingshund, laut bellend auf sie zustürmte, um sie zu begrüßen.

Einen Augenblick später kam Erin angerannt und

rief: „Jocko, komm sofort zurück! Was hast du denn? Ach, du bist es, Paps!“ Als sie ihren Vater erblickte, lief sie auf ihn zu, um ihm einen Begrüßungskuß zu geben. Erst da bemerkte sie das Bündel in seinen Armen. „Was hast du da?“ wollte sie wissen. Doch da streckte der Hund seinen Schwanz aus der Decke heraus, und Erin rief erstaunt: „Oh, es bewegt sich ja!“

„Wenn du es ganz genau wissen willst: es ist ein Hund“, erklärte Linda der jüngeren Schwester. „Er ist in ein Teerbecken gefallen. Wir haben ihn nach Hause gebracht, weil wir im Tier-Treff keinen Platz für ihn finden konnten.“

Erin zog die Decke ein wenig zur Seite und wollte sich den Hund im Licht, das aus der Garage drang, ansehen. „Der sieht aber drollig aus!“ stellte sie fest. Dann rümpfte sie die Nase und meinte: „Aber stinken tut er!“

„Ja, man kann nicht gerade behaupten, daß er angenehm duftet“, erwiderte ihr Vater. „Wir haben sein Fell mit Terpentin gereinigt, weshalb wir jetzt alle drei ein heißes Bad bitter nötig haben. Aber zuerst wollen wir dem Hund ein Nachtlager in der Garage herrichten. Vielleicht könntest du deiner Schwester helfen, einen geeigneten Korb oder was Ähnliches aufzutreiben.“

Bevor Erin darauf erwidern konnte, sagte Linda rasch: „Ich weiß schon, was wir hernehmen können, Paps. Die Wiege, die im Keller steht.“

„Ja, eine glänzende Idee“, sagte ihr Vater. „Bis ihr sie geholt habt, legen wir ihn auf die Decke. Sicherheitshalber schließen wir das Garagentor, obwohl ich be-

3 4392-8

zweifle, daß er imstande ist, wegzulaufen.“

Jocko strich um die Beine des Tierarztes herum, während dieser den Hund mitsamt der Decke in die Garage trug. Dort legte er ihn vorsichtig auf den Boden und breitete die Decke unter ihm aus.

Als Erin nun den Hund in seiner vollen Größe sah, riß sie die Augen auf und rief: „Was ist denn mit seinem Fell geschehen? Er sieht genauso aus wie Jocko, als ich ihn wie einen Pudel trimmen wollte! Oder noch schlimmer.“

„Wir mußten ihm das Fell stutzen, denn der Teer war nicht wegzukriegen“, erklärte Linda ihr. „Er hatte nämlich ein ganz langes Fell. Doch das wird bald wieder nachwachsen, nicht wahr, Paps?“

„Selbstverständlich“, tröstete sie Dr. Taylor. „Jockos Fell ist ja auch wieder nachgewachsen.“

Jocko spitzte die Ohren, als er seinen Namen hörte, und sprang am Tierarzt hoch, um ihm das Gesicht zu lecken. Doch dann wandte er sich dem fremden Hund auf der Decke zu und wollte mit ihm spielen. Er verstand nicht, warum dieser regungslos dalag und ganz und gar nicht zum Spielen aufgelegt war.

„Er ist zu müde, Jocko“, sagte Linda. „Das wärst du sicher auch, wenn du dasselbe mitgemacht hättest wie er. „Sie steckte den Zeigefinger in Jockos Halsband und zerrte ihn von dem Hund weg. „Wo steckt denn Teddy?“ fragte sie ihre Schwester, während sie ins Haus gingen.

„Der ist auf der Suche nach Ringo“, erklärte ihr Erin

und strich sich eine blonde Haarsträhne, die sich aus ihrem Pferdeschwanz gelöst hatte, aus der Stirn. „Er ist nämlich aus dem Käfig entwischt, und Teddy macht sich riesige Sorgen um ihn, weil er befürchtet, Cleveland könnte ihn erwischen und auffressen."

„Das ist doch ein Kerl! Auf diesen Hamster kann man gar nicht genug aufpassen", seufzte Linda. „Cleveland würde ihn aber niemals auffressen. Er würde ihn jagen. Um ihn zu fressen, müßte er schon sehr hungrig sein."

„Ist er sicher nicht, ich habe ihn nämlich vorhin gefüttert", beruhigte Erin sie. „Er hat den ganzen Napf leergefressen. Teddy meint aber, Cleveland würde sich den Hamster als Nachspeise aufheben."

„Ich hab' ihn!" ertönte in diesem Augenblick Teddys Stimme. Erin, Linda und ihr Vater rannten in das Arbeitszimmer. Teddy strahlte über das ganze Gesicht und hielt den Hamster mit beiden Händen fest. Wie immer hatte er auch jetzt seine Baseballmütze auf, aus der sich ein paar Locken hervordrängten. „Ihr werdet nie erraten, wo ich ihn gefunden habe", sagte Teddy. „Er war auf Paps' Bücherregal zwischen der *Wetterinermedizin* und der *Wagzination!*"

Dr. Taylor schmunzelte und meinte: „Veterinärmedizin, zu deutsch Tiermedizin, und Vakzination, also Impfung, heißt es, Teddy. Aber die Hauptsache ist, du hast Ringo wieder. Ich wette, John, George und Paula hatten ihn bereits vermißt."

„Ich bin gleich zurück", sagte Teddy. Dann wandte er sich an Linda und fügte rasch hinzu: „Hallo, Schwesterherz! Erin und ich, wir haben schon gegessen. Aber es ist noch genug für euch übrig." Erst jetzt sah er, daß Linda und der Vater von oben bis unten mit Teer besudelt waren. „Wie seht denn ihr aus? Igitt, und dieser Gestank! Was ist mit dem Hund, von dem uns Frau Racer erzählt hat?"

„Der ist in der Garage", erwiderte sein Vater. „Linda und Erin wollen die alte Wiege aus dem Keller holen, damit er nicht auf dem kalten Steinboden schlafen muß. Kannst du in der Zwischenzeit heißes Wasser in die Badewanne einlaufen lassen, denn der Ärmste muß zuerst einmal gründlich gewaschen werden. Aber vorher mußt du Ringo noch in den Käfig stecken."

„Mach' ich, Paps", rief Teddy und stapfte mit dem Hamster davon.

Linda schnupperte: „Mhm, aus der Küche kommt ein köstlicher Duft."

„Ja, es gibt Makkaroni mit Zucchini und Tomaten", sagte Erin. „Heute essen wir alle fleischlos wie du. Das wird dich sicher freuen."

Linda war Vegetarierin, denn sie brachte es einfach nicht übers Herz, ein Tier zu essen, das ihretwegen das Leben lassen mußte. Frau Racer kochte für sie immer etwas anderes und scheute auch keine Mühe, die neuesten vegetarischen Rezepte aus dem Tagesanzeiger auszuprobieren.

„Komm schon, Linda", drängte Erin. „Wir holen rasch die Wiege aus dem Keller herauf. Während du dann mit Paps nach dem Essen die Küche in Ordnung bringst, gehe ich noch mal mit den Hunden ums Haus. Wie heißt denn eigentlich der neue?"

Linda zuckte mit den Schultern. „Keine Ahnung. Wir wissen ja nicht, wem er gehört. Vielleicht ist er auch herrenlos."

„Oh, der Ärmste!" rief Erin mitleidsvoll. „Wir könnten ihn Andy nennen. So heißt nämlich der Junge in dem Buch, das ich gerade lese. Er war ein Waisenkind und wurde später von Leuten adoptiert. Ja, wir nennen ihn Andy!"

„Aber nur so lange, bis sich sein Besitzer meldet. Dann müssen wir ihn wieder bei seinem richtigen Namen rufen", mischte sich Dr. Taylor ein.

Die beiden Mädchen gingen mit ihrem Vater und Jocko in den Keller. Erst jetzt merkte Linda, daß sich Sunshine, ihr hellbrauner Cockerspaniel, noch nicht hatte blicken lassen.

„Wo steckt denn Sunshine?" fragte sie Erin, während sie mit Hilfe ihres Vaters die Wiege hinter einem Stapel leerer Kartons hervorholten.

„Der schläft sicher unter dem Wohnzimmertisch", antwortete Erin. „In letzter Zeit liegt er gerne da und döst vor sich hin. Er wird doch allmählich alt. Wie alt ist er eigentlich, Paps? Ich weiß nur, daß er älter ist als ich."

„Ja, er ist ein Jahr älter als du, Kleines. Genau dreizehn. Deine Mutter und ich haben ihn, als er noch ein Welpe war, aus dem Tierheim geholt. Linda war damals gerade zwei Jahre alt." Ein wehmütiges Lächeln huschte über sein Gesicht.

Linda ahnte, daß er in Gedanken bei ihrer Mutter war, die vor vier Jahren bei einem Autounfall ums Leben kam. Sie war blond und sehr schön gewesen, und vor ihrer Heirat mit dem Tierarzt hatte sie im Pennsylvania-Ballett getanzt. Erin hatte große Ähnlichkeit mit ihr und wollte auch einmal eine berühmte Tänzerin werden. Linda war fest davon überzeugt, daß ihre begabte und ehrgeizige kleine Schwester dieses Ziel erreichen würde. Auch Fräulein Tamara, ihre Ballettlehrerin, hielt Erin für ein vielversprechendes Talent.

„Ist die aber staubig", stellte Erin fest, als die Wiege vor ihnen stand. Sie wischte sich die Hände an ihren Jeans ab. „Wir sollten sie zuerst gründlich abstauben, bevor wir sie in die Garage tragen."

„Unbedingt", stimmte ihr der Vater zu. „Aber beeilt euch, damit wir bald essen können. Ich falle nämlich um vor Hunger."

Es war bereits kurz vor neun Uhr, als Linda und ihr Vater endlich an dem großen Eichentisch in der Küche Platz nahmen. Vorher hatten sie Andys Fell gründlich mit Erins Haarshampoo gewaschen und mit dem Fön getrocknet. Dann hatte Linda ihm einen Napf mit Hundefutter hingestellt, aber er hatte kaum davon gefressen, sondern verkroch sich wie Sunshine in eine Ecke, um zu schlafen. Linda hatte die Wiege mit einer weichen Wolldecke ausgelegt, auf die sie den Hund setzte. Anschließend hatten sie die Wiege in die Garage getragen, die sie sorgsam hinter sich verschlossen.

Trotz der gründlichen Wäsche mit Erins Shampoo war Andys Fell noch immer nicht sauber geworden, im Gegensatz zu Linda und ihrem Vater, bei denen ein ausgiebiges Wannenbad gereicht hatte.

Nachdem die beiden den Makkaroniauflauf bis auf den letzten Bissen aufgegessen hatten, tranken sie noch mit Teddy und Erin eine Tasse Tee.

„Wie kommt es, daß ihr eure Teerflecken weggekriegt habt und Andy noch immer nicht sauber ist?" wunderte sich Teddy.

„Weil der Teer am Fell besser haftet als an der Haut", erklärte ihm sein Vater. „Welch ein Glück, daß wir kein Fell haben, sonst sähen wir aus wie..."

„...Schweine", kicherte Erin.

„Naja, vielleicht nicht ganz so arg, aber sicherlich wie Andy", meinte ihr Vater schmunzelnd.

„Warum rasiert ihr ihm nicht einfach das Fell?" schlug der Junge vor.

„Dann sähe er noch schlimmer aus", sagte Linda. „Und mit Sicherheit würde er sich eine Erkältung zuziehen. Meinst du nicht auch, Paps?"

„Wahrscheinlich." Dr. Taylor trank seine Tasse aus und stand auf. „Teddy, du gehst jetzt ins Bett. Ich komme gleich nach, um dir noch gute Nacht zu sagen."

„Aber, Paps..."

„Keine Widerrede."

Teddy verließ widerstrebend die Küche. Doch gleich darauf stand er wieder in der Tür. „Darf Ringo heute nacht in meinem Zimmer schlafen? Er hat sich sicher nicht von dem Schock erholt, den ihm Cleveland eingejagt hat."

„Ringo fühlt sich sehr wohl mit seinen Geschwistern", erklärte ihm sein Vater. „Also, ab ins Bett!"

„Ich geh' ja schon", brummte Teddy.

Dr. Taylor wandte sich seinen Töchtern zu und fragte: „Na, wie steht's mit euren Hausaufgaben?"

„Ich hab' meine gleich nach der Ballettstunde gemacht", antwortete Erin und begann den Tisch abzuräumen.

Linda seufzte. „Ich hatte noch nicht einmal Zeit, auch nur daran zu denken. Wir haben für morgen einen Aufsatz über ein Ferienerlebnis auf. Ich habe Jill versprochen, daß ich sie deswegen heute abend noch anrufe. Oder daß sie mich anruft. Ich weiß nicht mehr, wie wir verblieben sind. Kein Wunder, bei all dem, was in der Zwischenzeit passiert ist."

„Ob ihr's glaubt oder nicht, auch ich muß heute abend Hausaufgaben machen", sagte ihr Vater. „Ich habe einen Stoß Fachzeitschriften durchzusehen, wozu ich in der letzten Zeit nicht gekommen bin. Aber um auf dem laufenden zu bleiben, muß ich einen Blick hineinwerfen. Vielleicht kommt mir ein Artikel unter, in dem steht, wie man ein Tierfell von Teer säubert. Aber vorher möchte ich Teddy noch gute Nacht sagen."

Linda und Erin machten die Küche sauber. Linda stellte das Geschirr in die Spülmaschine, und Erin wischte den Tisch ab. In diesem Augenblick schlich Cleveland zur Tür herein. Doch diesmal strich er nicht wie sonst um Lindas Beine, sondern sprang auf den Küchenschrank, putzte sich das Fell und tat ganz so, als wäre Linda nicht da.

„Was hast du denn?“ wunderte sich Linda und kraulte den Kopf des Katers. Sonst schnurrte er dabei vor Behagen, doch heute wandte er sich beleidigt ab und starrte aus dem Küchenfenster in die Dunkelheit.

„Oh, Verzeihung!“ sagte Linda. „Ich verstehe, der Herr ist beleidigt, weil ich mich nicht gleich um ihn gekümmert habe, als ich nach Hause kam. Stimmt's?“

„Cleveland ist heute auf jeden sauer“, erklärte ihr Erin. „Teddy hat ihn nämlich angeschrien, weil er Ringo jagen wollte, und daraufhin hat er sich in mein Zimmer verkrochen. Aber als er dann Dandy anfauchte, habe ich ihn angeschrien.“

„Armer Kater! Du scheinst wirklich einen schlimmen Tag hinter dir zu haben, ohne Hamster-Snack und Vogelmahlzeit!“ Linda ging in die Speisekammer und holte eine Dose Katzenfutter. Sie öffnete sie vor Clevelands Augen und rief: „Komm her, mein Kleiner. Schau, was es gibt! Aber dann darfst du nicht länger beleidigt sein.“

Erin verdrehte die Augen. „Mußt du immer mit ihm reden wie mit einem Menschen? Also, ich gehe jetzt schlafen. Kommst du auch?“

„Ja, in ein paar Minuten“, erwiderte Linda und füllte Clevelands Futternapf. Der Kater hatte ihr schon verziehen, denn er begann laut zu schnurren. Dann sprang er vom Küchenschrank herunter und machte sich gierig über das Futter her.

„Ja, jetzt sind wir wieder gute Freunde“, sagte Linda lachend und nahm den Kater auf den Arm, nachdem er alles aufgefressen hatte. „Laß uns auch nach oben gehen, Cleveland.“

Sie setzte sich den Kater auf die Schulter und warf noch einen Blick ins Eßzimmer. Sunshine kam langsam unter dem Tisch hervorgekrochen, um sie zu begrüßen. Er wedelte müde mit dem Schwanz, und Linda beugte sich zu ihm hinunter und streichelte sein seidiges, goldbraunes Fell.

„Hallo, Sunshine“, sagte sie mit sanfter Stimme. „Tut mir leid, daß ich dir nicht Gesellschaft leisten kann, aber ich habe Erin versprochen, noch auf einen Sprung bei ihr vorbeizuschauen. Und anschließend muß ich meine Hausaufgaben machen. Sei froh, daß du ein Hund bist und dir diese Arbeit erspart bleibt.“

Der Cockerspaniel begleitete sie auf den Flur hinaus. „Möchtest du mit nach oben kommen?“ fragte Linda, doch der Hund sah sie eine Weile zögernd an und legte sich dann wieder auf den Fußboden.

„Ganz wie du willst, mein Lieber. Also, dann bis morgen.“ Linda streichelte noch einmal seinen Kopf und ging nach oben. „Ich bin schon gespannt, wie Sunshine reagieren wird, wenn er Andy sieht“, sagte sie zu Cleveland. „Da fällt mir ein, du kennst ihn ja auch noch nicht! Jetzt muß ich aber noch Jill anrufen. Wir wollten uns über den Aufsatz unterhalten, den wir für morgen aufhaben.“

„Linda, kommst du und drehst bei mir das Licht ab?“

rief Erin aus ihrem Zimmer.

„Ja, gleich", sagte Linda und ging noch rasch in ihr eigenes Zimmer, um Cleveland auf das Bett zu legen, wo er nachts schlief. „Ich bin gleich zurück", sagte sie zu ihm. „Ich bin wirklich neugierig, wie dir Andy gefallen wird."

Donnerwetter, Donna!

Schon am nächsten Morgen wußte Linda, was der Kater von dem neuen Hausgenossen hielt. Wie gewöhnlich war sie als erste aufgestanden und hatte sich fertiggemacht. Dann holte sie für Andy eine Dose Hundefutter aus der Speisekammer. Cleveland begleitete sie auf dem Weg zur Garage, vorbei am Kaninchen- und Hühnerstall. Sie öffnete rasch das Tor, neugierig zu sehen, wie es dem Hund ging.

Der Kater sprang sogleich auf die Motorhaube des alten Pkw, damit er den Hund besser sehen konnte, der in der Wiege lag.

„Cleveland!" ermahnte Linda ihn, als er wütend zu fauchen begann. „Kannst du nicht etwas freundlicher zu unserem Gast sein?"

Doch der Kater gehorchte nicht. Er sträubte sein rötliches Fell, so daß er noch größer aussah als sonst.

Andy stellte sich auf die Hinterbeine und stützte sich mit den Vorderpfoten am Rand der Wiege ab. Er bellte so laut, daß die Hühner aufgeschreckt zu gackern begannen und die Ente laut schnatterte.

Linda hielt sich die Ohren zu. „Ruhe!“ schrie sie. „Ruhe!“ Erst als sie Andys borstiges Fell streichelte, beruhigte sich dieser und japste nur noch. Cleveland beobachtete die beiden mißbilligend und stellte den Schwanz auf.

„Wie kannst du dich nur so unmöglich benehmen“, tadelte Linda den Kater. „Du tust ja ganz so, als hättest du noch nie einen Hund gesehen. Dabei bist du gleich mit zweien groß geworden. Wieso regst du dich eigentlich so auf?“

Der Kater fauchte sie an. Doch Linda wandte sich Andy zu. „Na, wie hast du denn geschlafen, mein Kleiner?“ fragte sie ihn.

Jetzt, da das grelle Tageslicht durch das Garagentor einfiel, sah Andy noch seltsamer aus als am Abend zuvor. Sein Fell sträubte sich wie die Stacheln eines Igels, und seine schwarze Schnauze sah aus wie ein kleiner Teerklumpen.

Linda konnte sich das Lachen nicht verkneifen. „Tut mir leid, Andy. Ich weiß, Tiere mögen es nicht, wenn man sie auslacht, aber du siehst wirklich zu komisch aus.“ Der Hund leckte ihr die Hand und wedelte freudig mit dem Schwanz. „Wie wär's mit einem Frühstück?“ fragte sie ihn. „Schau her, was ich dir mitgebracht habe.“

Cleveland begann wieder zu fauchen und sträubte das Fell.

„Du bekommst dein Futter später“, sagte Linda zu ihm und öffnete die Konservendose. Als sie die Fleischbröckchen in den Futternapf leeren wollte, sah sie, daß Andy das Futter vom Vorabend kaum angerührt hatte.

„Warum hast du denn nichts gefressen?“ fragte sie den Hund. „Geht es dir nicht gut, daß du keinen Appetit hast?“

„Das überrascht mich nicht“, hörte sie plötzlich hinter sich die Stimme ihres Vaters, der in der Garagentür stand. Er ging auf Cleveland zu und streichelte seinen Rücken. „Morgen, Schatz“, sagte er zu Linda und drückte ihr einen Kuß auf die Wange. „Ich glaube, du hättest auch ziemlich wenig Appetit, wenn du in ein Teerbecken gefallen wärst und nicht wüßtest, wo deine Familie ist.“ Er beugte sich über die Wiege und kraulte Andy hinter den Ohren. „Ich werde den Welpen mit in den Tier-Treff nehmen und gründlich untersuchen. Ich möchte sichergehen, daß ihm sonst nichts fehlt.“

„Sagtest du Welpe? Ich dachte, es wäre ein ausgewachsener Hund“, wunderte sich Linda.

„Nach seinem Gebiß und den großen Pfoten zu schließen, kann er nicht viel älter als neun Monate sein. Er wird sogar noch ein ziemliches Stück wachsen, bis er seine volle Größe erreicht hat.“

Linda starrte Andy an. „Mein Gott, das wird aber ein Riesenkerl!“

„Wo steckt ihr denn?“ ertönte Teddys Stimme aus der Hintertür des Hauses. „Wann gibt es endlich Frühstück? Mir knurrt schon der Magen.“

„Ich schlage vor, wir gehen lieber ins Haus zurück, bevor die Nachbarn denken, ich lasse meine Kinder verhungern", sagte Dr. Taylor und zwinkerte Linda zu. „Wenn du heute nach der Schule in die Klinik kommst, kann ich dir sicher schon Näheres über Andys Gesundheitszustand sagen. Allerdings kann es sein, daß der Hund dann schon fort ist."

Linda schaute ihren Vater verdutzt an. „Was willst du damit sagen?"

„Ich schließe nicht die Möglichkeit aus, daß bis dahin Andys Besitzer herausgefunden hat, was mit seinem Hund passiert ist und wo er ihn abholen kann."

„Ja, das ist möglich", sagte Linda nachdenklich und schaute den Welpen an. Dieser Gedanke sollte sie eigentlich fröhlich stimmen, aber dem war nicht so. Andy war ein so reizender Hund, daß sie ihn am liebsten nicht mehr hergegeben hätte. „Und wenn sich niemand meldet?" fragte sie hoffnungsvoll.

„Dann werden wir ihn ins Tierheim geben", erwiderte ihr Vater. „Und er wird einen neuen Herrn bekommen."

„Das Frühstück ist fertig!" rief Erin aus dem Küchenfenster. „Es gibt Rühreier mit Schinken und Toast! Wenn ihr nicht auf der Stelle kommt, essen Teddy und ich alles auf."

„Komm, Cleveland", sagte Linda und nahm den beleidigten Kater auf den Arm. „Du bekommst jetzt auch etwas zu fressen. Das wird dich wieder aufmuntern."

Der Kater warf Andy noch rasch einen bösen Blick zu und fauchte ihn an, bevor Linda ihn hinaustrug.

Erst als Erin und Teddy zum Schulbus rannten, fiel Linda ein, daß sie noch immer nicht ihr Fahrrad geholt hatte. Aber Andy hatte sie so sehr in Anspruch genommen, daß sie nicht mehr daran gedacht hatte. Und auch ihr Vater hatte vergessen, sie an das Rad zu erinnern.

„Ich fahre dich schnell in die Codorusstraße", schlug er ihr vor. „Du holst dein Rad, und ich fahre gleich weiter, denn ich möchte Andy untersuchen, bevor die Praxis geöffnet wird. Aber jetzt solltest du noch einen kurzen Spaziergang mit ihm machen. Anschließend stecken wir ihn in den Kombi."

Da sie Andys teerverklebtes Halsband weggeworfen hatten, legte Linda ihm ein altes von Sunshine an. Es paßte genau um Andys Hals. Dann holte sie eine Hundeleine und hob Andy aus der Wiege. Als sie mit ihm aus der Garage ging, stellte sie fest, daß er auf einem Bein hinkte.

„Was fehlt dir denn, Kleiner? Tut dir das Bein weh?"

Der Welpe winselte, doch er hatte es so eilig, ins Freie zu kommen, daß es Linda nicht möglich war, sein Bein näher zu betrachten. Wozu auch, dachte sie, ihr Vater würde ohnedies den Hund gründlich untersuchen und feststellen, was mit dem Bein los war.

Dr. Taylor legte Andy auf den Rücksitz des Kombiwagens. Nachdem Linda auf dem Beifahrersitz Platz genommen hatte, machte sie ihren Vater auf das Bein des Welpen aufmerksam.

„Ich werde ihn gründlich untersuchen", beruhigte er sie. „Und wenn du nach der Schule in den Tier-Treff kommst, kann ich dir sagen, was die Untersuchung ergeben hat."

Wenige Minuten später hielten sie vor einem der Tore des Lkw-Abstellplatzes an, die jetzt alle offenstanden. Ein Lastwagen nach dem anderen verließ mit Teerfässern und Kies beladen das Gelände. Während Linda das Fahrrad holen ging, wartete ihr Vater im Wagen, um sich zu vergewissern, daß sie auch wirklich damit zurückkam. Als er sie erblickte, winkte er ihr zu und fuhr weiter. Linda konnte gerade noch sehen, wie Andy ihr auf den Hinterbeinen stehend aus dem Heckfenster nachblickte.

Schweren Herzens machte sie sich auf den Weg zur Schule, denn sie wäre viel lieber in den Tier-Treff gefahren. Jetzt mußte sie bis drei Uhr nachmittags warten, um zu erfahren, wie es um Andys Gesundheit stand.

Erstaunlicherweise verging an diesem ersten Schultag nach den großen Ferien der Unterricht ziemlich schnell. Linda und ihre Klassenkameradinnen hatten sich nach der langen Sommerpause noch viel zu erzählen. Nur mit Susan Bascombe hatte Linda Probleme. Ihre Abneigung beruhte aber auf Gegenseitigkeit.

„Das nehme ich dir nicht ab, daß du und Toby die Tierfänger gestellt habt", sagte Susan zu Linda, als sie nach der Schule gemeinsam zum Fahrradständer gingen. Herr Steele hatte Linda aufgerufen, ihren Aufsatz vorzulesen. „Ich wette, du hast das Ganze nur erfunden, um eine gute Note zu bekommen."

4 4392-8

Linda lachte spöttisch. „Wenn du im August dagewesen wärst, statt bei deiner Großmutter in Harrisburg rumzuhängen, hättest du alles im Tagesanzeiger nachlesen können."

Daß Susan bei ihrer Großmutter war, wußte Linda deshalb, weil auch sie ihren Aufsatz vorlesen mußte. Sie hatte krampfhaft versucht, ihren Aufenthalt spannend zu schildern, aber außer Boutiquen abzuklappern und sich schicke Klamotten zu kaufen, hatte sie nichts unternommen. Linda konnte sich nichts Langweiligeres vorstellen.

„Ich hätte sicher Wichtigeres zu tun gehabt, als diesen dämlichen Artikel zu lesen", erwiderte Susan schnippisch und warf hochmütig den Kopf zurück.

„Das kann ich mir gut vorstellen", sagte Linda spitz. Dann schwang sie sich auf ihr Rad und fuhr davon. Susan war eine schreckliche Nervensäge, aber heute ließ sie sie ausnahmsweise völlig gleichgültig. Das kam sicher daher, daß Linda im Augenblick Wichtigeres im Kopf hatte, und das war Andy. Sie fragte sich, ob sie den Hund überhaupt noch im Tier-Treff vorfinden würde, denn vielleicht hatte ihn sein Besitzer schon abgeholt. Außerdem war sie neugierig auf das Untersuchungsergebnis und hoffte, daß dem Hund nichts fehlte.

Eine Viertelstunde später lehnte Linda ihr Fahrrad an den weißen Holzzaun, der die Klinik umgab. Sie steuerte gerade auf den Seiteneingang zu, als Donna Hartman den Kopf aus dem Fenster des Hundesalons

streckte. „Hallo, Linda!“ rief sie ihr zu. „Komm doch mal rein, ich muß dir was zeigen.“ Ihr Stimme klang freudig erregt, und ihre blitzenden Augen verrieten, daß es sich um etwas Besonderes handeln mußte.

Normalerweise wäre Linda sofort Donnas Aufforderung gefolgt, aber im Augenblick war ihr Andy wichtiger. Sie suchte nach einer Ausrede, aber da hielt ihr Donna schon die Tür auf und sagte: „Es dauert nicht lange. Ich weiß, du hast es eilig.“

Linda wollte nicht unhöflich sein und betrat den „Pudelsalon“, wie ihn Toby abschätzig nannte.

„Sieh dir das an!“ sagte Donna stolz.

Linda traute ihren Augen nicht. Vor ihr stand ein großer, hagerer Hund, dessen cremefarbenes Fell ganz kurz geschoren war. Um die Augen herum war es kohlschwarz und an der Schnauze nahezu weiß. Seine Schlappohren waren schwarz, genauso wie die Nase, die an einen Teerklumpen erinnerte. Als der Hund Linda erblickte, begann er freudig mit dem Schwanz zu wedeln.

„Nein, das ist doch nicht möglich! Das darf nicht wahr sein!“ rief Linda erstaunt und starrte den Hund ungläubig an.

Donna kicherte in einem fort und sagte: „Ja, er ist es. Ist er nicht ein hübscher Kerl?“

Linda kniete vor dem Welpen nieder und legte einen Arm um ihn. „Aber wie hast du ihn so saubergekriegt?“ wunderte sie sich. „Was hast du mit ihm gemacht?“

„Mit Mayonnaise gewaschen“, sagte Donna und

wischte sich die Hände an ihrem geblümten Kittel ab.

„Das ist doch ein Witz?"

„Nein, ich habe tatsächlich Mayonnaise verwendet." Donna ließ sich auf einen Stuhl fallen. „Also hör zu: Gestern ging ich mit Jim in den Supermarkt. Und als ich die Mayonnaise auf einem Regal sah, fiel mir plötzlich ein Artikel ein, den ich im Tagesanzeiger unter ‚Haushaltstips' gelesen hatte. Da hieß es, daß man mit Mayonnaise auch Teerflecken entfernen könne. Und so kaufte ich ein paar Tuben. Da es am Nachmittag im Hundesalon nicht sonderlich viel zu tun gab, hatte ich genügend Zeit, um mir Andy vorzunehmen. Zuerst habe ich sein Fell mit Mayonnaise behandelt und dann mehrere Male mit einem milden Haarshampoo gewaschen. Und zum Schluß bekam er noch eine Glanzspülung." Sie strahlte Linda an. „Du mußt doch zugeben, daß er ganz passabel aussieht."

„Er sieht phantastisch aus, Donna", rief Linda begeistert und umarmte den Hund, der ihr freudig das Gesicht leckte. „Er sieht aus wie ein wolliges Schaf. Hat Paps ihn schon gesehen?"

„Na klar, er hat ihn vor einer halben Stunde geholt, um sein Bein zu bandagieren."

Vor lauter Staunen war Linda das bandagierte Bein gar nicht aufgefallen. „Hat Paps gesagt, was er am Bein hat?" wollte sie wissen.

„Es scheint gebrochen zu sein. Aber kein komplizierter Bruch. Das soll dir aber besser dein Vater erklären. Ich nehme an, du wolltest sowieso zu ihm."

Linda nickte und ließ Andy los. Dann ging sie auf Donna zu und drückte ihr einen Kuß auf die Wange. „Danke, daß du dir so viel Mühe mit ihm gegeben hast."

Donnas Wangen röteten sich leicht, und sie sagte bescheiden: „Ich kann nun mal keine schmutzigen Tiere sehen. Ich bin sicher, daß sie sich wie wir Menschen auch viel wohler fühlen, wenn sie sauber sind. Du kannst Andy ohne weiteres hierlassen, er stört mich nicht im geringsten."

„Wenn es dir nichts ausmacht? Ich hole ihn in einer halben Stunde wieder ab", versprach Linda. „Und nochmals vielen Dank, Donna."

Beim Hinausgehen stieß sie beinahe mit Toby zusammen. „Hast du ihn schon gesehen?" fragte sie. „Sieht er nicht fabelhaft aus?"

Toby schaute sie verständnislos an. „Von wem sprichst du?"

„Von Andy, dem Hund, der in das Teerbecken gefallen ist."

„Ach, von dem! Ja, ich habe ihn schon gesehen. Sieht wirklich wieder recht ordentlich aus."

„Das beweist wieder einmal, wie recht ich habe, wenn ich dir immer wieder sage, daß ein Hundesalon eine sehr vernünftige Einrichtung ist und nichts mit Chichi zu tun hat."

Toby grinste sie an. „Ist schon gut, ich glaub's dir ja. Fängst du jetzt mit der Arbeit an? Ich setze mich in die *Anmeldung*, solange Pat Kaffeepause macht. Ich glaube, dein Vater braucht dich in der Klinik."

„Okay." Gleich darauf war Linda in der Klinik verschwunden. Sie zog einen weißen Kittel über Jeans und T-Shirt an und ging in das Behandlungszimmer. Sicherlich würde ihr Vater sie auch während der Arbeit über Andys Gesundheitszustand aufklären können.

Doch der Schäferhund, der auf dem Untersuchungstisch lag, war so unruhig, da es sein erster Besuch beim Tierarzt war, daß Dr. Taylor sich ganz auf ihn konzentrieren mußte und Linda es nicht wagte, sich nach Andy zu erkundigen. Auch später bot sich keine Gelegenheit, denn ein Patient nach dem anderen mußte behandelt werden. Erst als der letzte abgefertigt war und die Klinik geschlossen wurde, holte Linda Andy und fragte ihren Vater, was die Untersuchung ergeben hatte.

„Er ist eindeutig unterernährt, und seine Knochen sind etwas spröde. Deshalb hat er sich das Bein gebrochen, als er versuchte, sich aus dem Teerbecken zu befreien. Da er aber noch so jung ist, wird das Bein ziemlich rasch heilen. Jetzt braucht er vor allem eine gesunde Ernährung und viel Ruhe. Dann wird er sich sicher rasch erholen." Dr. Taylor beugte sich zu Andy hinunter und streichelte sein kurzgeschorenes Fell.

„Das heißt, wir können ihn jetzt auf keinen Fall schon ins Tierheim bringen", sagte Linda, und es war mehr ein Wunsch als eine Frage. „Solange er eine bestimmte Diät und viel Ruhe braucht, ist das Tierheim sicher nicht der geeignete Platz für ihn. Meinst du nicht auch?"

„Linda, wir werden diesen Hund auf keinen Fall behalten", lehnte ihr Vater entschieden ab. „Zwei Hunde sind genug. Und wahrscheinlich wird sich sein Besitzer auch bald melden. Ich habe eine Anzeige in die Zeitung gegeben, den Hund genau beschrieben und den Fundort und unsere Telefonnummer angegeben."

Linda warf einen Blick auf Andy und schmunzelte. „Ich wette, sein Herrchen wird ihn nicht wiedererkennen. Paps, ich habe nicht gemeint, daß wir ihn für immer behalten sollten, sondern ihn nur gesundpflegen, bevor er ins Tierheim kommt."

Dr. Taylor rieb sich nachdenklich den Bart. „Ja, das müßten wir eigentlich tun. Aber zuerst sollten wir Frau Racer fragen, ob sie nichts dagegen hat. Schließlich macht ein Hund eine Menge Arbeit."

„Nein, sie braucht sich nicht um Andy zu kümmern", beteuerte Linda. „Ich übernehme die ganze Arbeit für ihn. Du mußt mir nur genau sagen, wie ich ihn zu betreuen habe. Er darf in meinem Zimmer schlafen, damit er vor den anderen Hunden und Cleveland seine Ruhe hat. Bist du damit einverstanden, wenn Frau Racer nichts dagegen hat?"

Ihr Vater lächelte sie an und sagte: „Meinetwegen, Linda. Betrachte ihn als deinen Privatpatienten."

„Paps, du bist einsame Spitze!" rief Linda und küßte ihn stürmisch auf die Wangen. „Hast du das gehört, Andy? Du bist in den Kreis der Taylorschen Haustiere aufgenommen!"

Eine turbulente Therapiestunde

Am Samstagvormittag stellte Linda Andy der Haushälterin vor. Die beiden mochten sich auf Anhieb.

„Du armes Kerlchen!“ sagte Frau Racer mitleidsvoll und kraulte den Welpen hinter den Ohren. „Natürlich macht es mir nichts aus, wenn wir einen Hund mehr im Haus haben. Wenn ihr Kinder in der Schule seid, ist es hier wie ausgestorben. Ich bin sicher, der Kleine und ich, wir werden uns gut verstehen.“

Andy wedelte mit dem dünnen Schwanz und leckte Frau Racers Hand.

„Sieh dir das an, Linda, wir haben uns bereits angefreundet“, freute sich die Haushälterin. Dann wandte sie sich Dr. Taylor zu und meinte: „Machen Sie sich keine Sorgen, Doktor. Aber jetzt ist es höchste Zeit, daß Sie und Linda in die Klinik fahren, sonst stehen Ihre Patienten vor verschlossenen Türen.“ Sie strich sich mit den Händen den Rock ihres schlichten schwarz-weiß gemusterten Kleides glatt und fügte noch rasch hinzu: „Mein Sohn Henry muß jeden Augenblick dasein. Er fährt Erin und mich zum Markt. Bei der Gelegenheit nehmen wir Teddy mit und setzen ihn bei seinem Freund Billy ab. Nach dem Einkauf fährt Henry Erin in die Ballettstunde. Am Nachmittag wird mir Andy Gesellschaft leisten, und wir können uns näher kennenlernen.“

„Das ist sehr nett von Ihnen, Frau Racer", sagte der Tierarzt. „Aber sollten Sie bis zum Abend Ihre Meinung ändern, dann lassen Sie es mich wissen."

Die Haushälterin wehrte lächelnd ab. „Das werde ich sicher nicht tun."

„Da ist noch was", sagte Linda, und ihre Augen waren auf Cleveland gerichtet, der auf dem Küchenschrank saß und unverwandt Andy anstarrte. „Cleveland hat unseren neuen Hausgenossen nicht gerade ins Herz geschlossen. Könnten Sie deshalb ein wachsames Auge auf ihn haben, für den Fall, daß er Andy angreifen sollte? Und Jocko hat einen Narren an ihm gefressen und möchte unentwegt mit ihm spielen. Andy braucht aber viel Ruhe, damit er wieder zu Kräften kommt. Vielleicht behalten Sie deshalb auch Jocko im Auge."

„Wird gemacht", versprach Frau Racer, die heute besonders guter Laune war. „Und mit Sunshine gibt es keine Probleme?"

„Nicht, daß ich wüßte", versicherte ihr Linda. „Sunshine nimmt ihn kaum zur Kenntnis. Vielleicht ändert sich das noch, wenn er Andy besser kennt..."

„Ich lasse am besten alle vier nicht aus den Augen", versprach Frau Racer. „Und wenn du und dein Vater abends nach Hause kommt, werdet ihr staunen, war für eine glückliche und zufriedene Runde ihr vorfinden werdet."

Doch dem war nicht so, weder an jenem Abend noch am nächsten Tag, noch in der darauffolgenden Woche.

Cleveland gab nur allzu deutlich zu verstehen, daß ein Hund zuviel da war, und Jocko wollte nicht einsehen, daß der drollige Welpe kein geeigneter Spielgefährte für ihn war, weshalb er aus Langeweile Jagd auf Cleveland machte. Sunshine ließ noch immer den Kopf hängen und ging dem offensichtlichen Eindringling aus dem Weg.

„Wie kannst du dich nur so dumm benehmen", tadelte Linda den Cockerspaniel, nachdem Andy nun schon zehn Tage bei den Taylors wohnte. „Er wird nur deshalb bevorzugt behandelt, weil er noch nicht gesund ist. Und außerdem hat er keinen Menschen außer uns, denn bisher hat sich niemand auf die Anzeige gemeldet. Du kannst ganz beruhigt sein, er bleibt nicht für immer bei uns. Sobald sein Bein geheilt und er kräftig genug ist, bringen wir ihn ins Tierheim. Kannst du dich also nicht ein wenig zusammenreißen und etwas freundlicher zu ihm sein?"

Sunshine schaute sie treuherzig an und winselte leise.

Linda seufzte. Es mußte doch einen Weg geben, damit sich Sunshine und Cleveland mit dem Welpen anfreundeten. Plötzlich hatte sie einen Einfall.

Am Sonntag wollte sie ihre Idee in die Tat umsetzen. Bevor Teddy zu seinen Freunden ging und Erin sich zum Tanzen in den Hobbyraum zurückzog, rief sie beide ins Wohnzimmer. „Hört mir mal zu. Wir wissen alle, daß es mit Cleveland und Sunshine Probleme gibt, seit Andy im Haus ist..."

„Das kann man wohl sagen", unterbrach Teddy sie

und balgte sich mit Jocko auf dem Fußboden herum. „Mit Sunshine kann man überhaupt nichts mehr anfangen. Der verkriecht sich nur noch und pennt."

„Und Cleveland ist ein richtiges Biest geworden", fügte Erin hinzu. „Jedesmal, wenn Andy ihm über den Weg läuft, sträubt er das Fell und plustert sich auf wie ein Luftballon. Und gestern abend hat er aus Protest neben das Katzenklo gemacht."

„Ich weiß", sagte Linda. „Ich habe den Fußboden saubergewischt. Ich habe einmal in einer von Paps' Zeitschriften gelesen, daß Katzen das nur dann tun, wenn sie unglücklich sind."

„Das Zeug stinkt bestialisch. Da nützt auch kein Frischluftspray", empörte sich Erin.

„Ja, wirklich scheußlich", stimmte ihr Teddy zu. „Wird er das jetzt immer machen, solange Andy da ist?"

„Deshalb wollte ich ja mit euch reden", sagte Linda. „Andy ist mein Privatpatient, und ich möchte ihn so gut wie möglich betreuen, damit er ganz gesund ist, wenn er ins Tierheim kommt. Doch bis dahin müssen wir Cleveland und Sunshine deutlich zu verstehen geben, daß wir sie noch immer genauso gern haben wie früher, als Andy noch nicht bei uns war."

„Ich habe Cleveland nicht mehr so gern wie früher", gab Erin zu und rümpfte die Nase.

„Das solltest du aber nicht", sagte Linda vorwurfsvoll. „Wir müssen zu allen Tieren gleich nett sein. Da ich aber die meiste Zeit nicht zu Hause bin, müßt ihr euch um die beiden kümmern und ihnen zeigen, daß ihr sie liebt."

„Und wie stellst du dir das vor?" fragte Teddy.

„Indem ihr mit Sunshine mehr als sonst spazierengeht und Cleveland sein Lieblingsfutter gebt und ihn möglichst oft streichelt", erklärte ihnen Linda. Dann fiel ihr Blick auf Jocko. „Mit ihm haben wir zum Glück keine Probleme. Wir müssen nur aufpassen, daß er mit Andy nicht zuviel herumtollt."

„Okay", sagte Erin. „Kann ich jetzt in den Hobbyraum gehen?"

„Und ich zu Billy und Eric?" rief Teddy. „Wenn ich wieder zurück bin, mache ich mit Sunshine einen langen Spaziergang. Ehrenwort."

Linda zuckte mit den Achseln. „Meinetwegen. Aber vergeßt nicht, was ich euch gesagt habe!"

Teddy und Erin nickten gleichzeitig, und schon waren sie verschwunden. Der Junge rannte zur Haustür hinaus, und Erin sprang die Kellertreppe hinunter.

Cleveland thronte auf dem Kaminsims und fauchte laut, als Andy sich zu Lindas Füßen legte. Linda ging auf den Kater zu, und als sie ihn sich wie üblich auf die Schultern setzen wollte, fauchte er und grub seine Krallen in ihren Hals.

„Laß das, Cleveland!" sagte Linda energisch. „Du bist mein lieber Kater und weißt, wie gern ich dich habe. Es wird Zeit, daß du endlich aufhörst, eifersüchtig zu sein." Sie hob ihn hoch, so daß sein Näschen ihre Nasenspitze berührte. „Du mußt endlich einsehen, daß

Andy nicht dein Feind ist, sondern ein armer, kranker Welpe, zu dem wir alle nett sein müssen, solange er bei uns ist. Alle, auch du! Hast du mich verstanden?"

Der Kater fauchte wieder.

„Ich habe in Büchern über Tierpsychologie gelesen, wie wichtig es ist, daß man die anderen Haustiere nicht vernachlässigt, wenn ein neues hinzukommt. Ja, man soll sich mehr als sonst um sie kümmern. Deshalb werde ich heute mit dir und Sunshine besonders lange spielen, und Jill wird mir dabei helfen. Sie wird jeden Augenblick dasein." Sie kraulte den Kater unter dem Kinn, was er mit lautem Schnurren dankbar erwiderte.

„Siehst du, so ist es recht", lobte sie ihn. Dann warf sie die Gummimaus, die sie am Vortag gekauft hatte, unter das Sofa. „Schau, ich habe ein Geschenk für dich!"

Cleveland war in Sekundenschnelle unter dem Sofa verschwunden und kam mit der Maus hervor, die er laut schnurrend mit beiden Pfoten festhielt.

In diesem Augenblick hörte sie die Haustür ins Schloß fallen, und gleich darauf stand Jill im Wohnzimmer. „Entschuldige, daß ich so spät komme", sagte sie atemlos. „Wie ich sehe, hat die Spielstunde bereits begonnen und unser Patient liegt auf der Couch! Ich dachte immer, du wolltest Tierärztin werden und nicht Tierpsychiater!"

Linda grinste die Freundin an. „Cleveland macht einen recht munteren Eindruck. Willst du dich um Sunshine kümmern? Ich glaube, er liegt im Eßzimmer unter dem Tisch. Da, nimm diesen Gummiball. Er liebt es, wenn man mit ihm damit spielt."

„Das klingt ja noch recht einfach. Ich glaube, das werde ich schaffen", erwiderte Jill lachend und warf den Ball in die Luft. Dann ging sie ins angrenzende Zimmer, das durch einen offenen Bogen mit dem Wohnzimmer verbunden war. Sie schaute unter den Eßtisch und lockte Sunshine mit dem Ball hervor. „Komm schon, mein Guter, wir wollen miteinander spielen!"

Der Cockerspaniel wedelte mit dem Schwanz, doch er rührte sich nicht von der Stelle.

„Wirf ihm den Ball zu!" schlug Linda vor.

Jill tat, wie ihr geheißen. Der Ball landete auf Sunshines Nasenspitze, aber der Hund reagierte nicht. Er schaute dem Ball auch nicht nach, als dieser unter die Porzellanvitrine rollte.

„Was soll ich jetzt tun?" Jills Stimme klang ziemlich mutlos.

„Hol den Ball und wirf ihn ihm noch einmal zu."

Jill befolgte Lindas Rat, aber der Cockerspaniel legte den Kopf auf die Vorderpfoten und schloß die Augen.

„Wenn du mich fragst, dann sage ich dir, der Hund macht sich nichts aus dem Ball", meinte Jill mit einem tiefen Seufzer und holte den Ball unter einem Stuhl hervor. „Was könnte ich denn sonst noch mit ihm spielen?"

Linda lachte. „Vielleicht sollten wir tauschen, und du spielst jetzt mit Cleveland und der Maus. Einverstanden?"

„Okay." Jill warf Linda den Ball zu. „Mit Katzen kenne ich mich auch besser aus, weil ich selbst eine habe."

Linda ging ins Eßzimmer und kniete sich vor dem Tisch nieder. „Wollen wir Ball spielen?“ fragte sie Sunshine und warf den Ball in eine Ecke des Zimmers. „Hol ihn, sei brav, und hol den Ball!“ rief sie dem Hund zu.

Doch Sunshine rührte sich nicht. Statt dessen kroch Jocko unter dem Sofa hervor und stürzte sich auf den Ball. Er schnappte danach und rannte auf den Flur.

„Jocko, komm sofort zurück!“ rief Linda und eilte ihm nach. „Das ist Sunshines Ball...“

„Paß auf!“ warnte Jill sie, als Cleveland ihr direkt vor die Füße lief. Doch die Warnung kam zu spät: Linda stolperte über den Kater und fiel zu Boden. Dabei warf sie ein kleines Beistelltischchen um. Andy wachte durch den Krach auf und kam laut bellend angetapst.

Cleveland sprang mit einem Satz auf den Fernsehapparat und fauchte den Welpen an. Und auch Jocko kam angerannt, um zu sehen, was vorgefallen war. Den Ball hatte er unterwegs verloren, und nun rannte er aufgeregt bellend zwischen dem wütenden Kater und dem kläffenden Welpen hin und her.

„Was ist denn los da unten?“ rief Dr. Taylor von oben herunter.

Erin stürzte in das Wohnzimmer. „Ist alles in Ordnung, Linda?“ fragte sie, als sie ihre Schwester auf dem Fußboden liegen sah. „Was ist denn passiert?“

Linda rappelte sich auf und holte den Kater vom Fernseher herunter. „Es ist nichts passiert“, beruhigte sie Erin, während sie Clevelands Fell streichelte. „Es ist alles in Ordnung, Paps!“ rief sie. „Entschuldige, wenn wir dich beim Fernsehen gestört haben." Ihr Vater schaute sich oben gerade ein Baseballspiel an. „Welche Mannschaft gewinnt denn?"

„Ich glaube, die *Phillis*", rief ihr Vater zurück. „Vielleicht könnt ihr jetzt ein bißchen ruhiger sein?"

Jill packte Andy am Halsband und versuchte ihn zu beschwichtigen. Gleich darauf wurde sein Bellen leiser.

„Gott sei Dank, jetzt ist es wieder still", sagte Erin mit einem Seufzer. Erst jetzt hörten sie das leise Wimmern, das unter dem Eßtisch hervorkam. Erin bückte sich zu Sunshine hinunter: „Armer Sunshine." Sie streckte die Hand nach ihm aus und streichelte seinen seidigen Kopf. „Du magst auch keinen Lärm, nicht wahr? Mich hat er auch ganz verrückt gemacht, so daß ich nicht mehr tanzen konnte."

Da begann Jill laut zu kichern. „O Linda, du siehst allzu komisch aus. Wie einer von den *Marx Brothers!*"

Linda warf ihr einen vorwurfsvollen Blick zu.

Auch Erin hatte Mühe, sich das Lachen zu verkneifen. „Hoffentlich hast du dir nicht weh getan", sagte sie.

Linda rieb sich das Hinterteil und stöhnte: „Nein, kaum der Rede wert." Dann grinste sie und meinte: „Wer hätte gedacht, daß Tiertherapie so gefährlich sein kann?"

„Tiertherapie?" tönte Erin. „Willst du damit sagen, daß ihr Therapeuten gespielt habt?" Sie schaute zu Sunshine hinunter. „Nach ihm zu schließen, scheint eure Therapie nicht sehr erfolgreich gewesen zu sein."

„War sie auch nicht", stimmte Linda ihr zu. Sie kraulte

5 4392-8

Cleveland hinter den Ohren, aber der Kater versuchte mit aller Kraft, sich aus ihren Armen zu befreien. „Auch wenn es nicht leicht sein wird, müssen wir versuchen, Cleveland und Sunshine klarzumachen, daß sie durch Andys Anwesenheit in keinster Weise benachteiligt sind“, sagte Linda. Aber insgeheim fragte sie sich, ob sie sich da nicht zuviel vorgenommen hatte.

Sorge um Sunshine

Eine weitere Woche verging – doch trotz aller Anstrengungen der Tierarztfamilie vertrugen sich Cleveland und Sunshine noch immer nicht mit Andy. Obwohl es dem Welpen von Tag zu Tag gesundheitlich besserging, was nicht zuletzt Lindas liebevoller Betreuung zu verdanken war, wollten die beiden den sonderbaren Welpen nicht als neues Familienmitglied akzeptieren. Der Kater fauchte noch immer böse, wenn er Andy sah, und Sunshine zog sich immer mehr in eine stille Ecke zurück und lag lustlos herum. Er fraß weniger als sonst, und selbst die Spaziergänge schienen ihm keine Freude mehr zu machen. Auch sein Fell verlor allmählich seinen seidigen Glanz und wirkte trocken und stumpf.

„Paps, glaubst du, daß Shunshine krank ist?“ fragte Linda eines Abends ihren Vater, nachdem der Cockerspaniel wieder einmal sein Futter nicht angerührt hatte.

Die beiden saßen im Arbeitszimmer, und Sunshine

lag schlafend zu Dr. Taylors Füßen.

„Das habe ich mir auch schon gedacht", gestand ihr Vater. „Ein bißchen Eifersucht ist ja ganz normal in solch einem Fall, aber Sunshine übertreibt. Auch wenn seine jährliche Untersuchung noch nicht fällig ist, möchte ich ihn mit in die Klinik nehmen und ein paar Tests mit ihm machen."

Sunshine wurde bereits am nächsten Tag untersucht. Linda fuhr gleich nach der Schule in die Birkenallee, denn sie war gespannt auf die Testergebnisse. Da ihr Vater gerade mit einem Patienten beschäftigt war, hielt sie nach Toby Ausschau und fand ihn schließlich auf der Krankenstation, wo er den Tieren die Medikamente verabreichte.

„Weißt du, ob Sunshine was fehlt?" fragte sie den Jungen, der gerade einem Schnauzer eine Pille ins Maul steckte.

„Keine Ahnung", meinte Toby und vergewisserte sich, daß der Hund die Pille auch wirklich geschluckt hatte, bevor er zum nächsten Patienten ging. „Ich weiß nur, daß dein Vater ein paar Bluttests ins Labor geschickt hat und die Resultate noch nicht erhalten hat."

„Was für Bluttests denn?" wollte Linda wissen. „Warte, ich kümmere mich um Screwball." Sie warf einen Blick auf die Medikamentenliste in Tobys Hand und nahm eine Tablette aus dem Pappbecher, auf dem der Name des Katers stand. Dieser begrüßte sie mit lautem Miauen und versuchte, mit der Pfote die Tablette aus ihrer Hand zu schlagen. Doch Linda war schneller und hielt den Kater fest umklammert, und bevor dieser wußte, wie ihm geschah, hatte er die Pille schon geschluckt.

Toby zuckte die Schultern. „Mich darfst du nicht fragen. Ich weiß nur, daß das Laboratorium in Harrisburg Sunshines Blut untersuchen soll und die Ergebnisse nicht vor morgen zu erwarten sind."

Linda steckte den Kater wieder in den Käfig, den sie sorgsam verschloß, und nahm sich den nächsten Patienten vor, einen Mischlingshund namens Skippy. „Also du weißt nicht, warum Paps Sunshines Blut untersuchen läßt?"

„Nein." Toby verabreichte Skippy mit einem Tropfenzähler ein Antibiotikum, während Linda den Hund festhielt und beruhigte. „Ich weiß nicht mehr als du", sagte er.

Doch Linda hatte das Gefühl, daß er nicht die Wahrheit sagte. „Toby, das glaube ich dir nicht", sagte sie. „Du weißt sehr wohl Bescheid, willst es mir aber nicht sagen. Also rück schon raus mit der Sprache. Sunshine ist schließlich mein Hund und nicht deiner!"

„Warum fragst du nicht gleich deinen Vater?" brummte Toby. „Ich weiß wirklich nicht, was ihm fehlt, denn dein Vater hat nicht mit mir darüber gesprochen. Ehrenwort. Er hat aber noch eine Menge anderer Tests mit Sunshine gemacht, und da ich doch schon eine Weile hier arbeite, weiß ich, was sie zu bedeuten haben ..."

„Was denn?"

Toby ging ein paar Schritte weiter und sagte schließlich mit kaum hörbarer Stimme: „Ich glaube, Sunshine ist sehr krank."

„Aber das ist unmöglich", rief Linda. „Sunshine ist immer gesund gewesen. Er ist im Augenblick nur etwas schwach auf den Beinen, weil er nicht genug frißt. Er ist nämlich auf Andy eifersüchtig. Aber krank ist er sicher nicht!"

„Linda, ich habe dir gesagt, du sollst lieber deinen Vater fragen", wiederholte Toby noch einmal und öffnete den nächsten Käfig, um dem Hund darin eine Tablette zu geben. Dieser verschlang sie, als wäre es ein Stück Zucker.

„Darauf kannst du dich verlassen", ereiferte sich Linda und rannte zur Tür. Bevor sie sie öffnete, wandte sie sich noch einmal Toby zu und rief: „Du irrst dich bestimmt! Außerdem arbeitest du noch nicht lange genug hier, um zu wissen, daß Paps bei älteren Tieren immer eine Reihe Tests vornimmt, um ganz sicherzugehen. Das hat aber nicht zu bedeuten, daß Sunshine ernsthaft krank ist."

Doch als sie dann nach ihrem Vater Ausschau hielt, spürte sie plötzlich einen Kloß im Hals.

Sie fand ihn im großen Stall, in dem auch Gray Ghosts Box stand. Normalerweise wäre sie einen Augenblick stehengeblieben, um ein paar freundliche Worte zu ihrem Reitpferd zu sagen, aber heute streichelte sie nur flüchtig seinen Nasenrücken, als es den Kopf aus der Box herausstreckte. Sie lief auf ihren Vater zu, der gerade ein altes Schaf untersuchte.

„Tag, Paps!" rief sie. „Wie geht es Dolly?"

Ihr Vater blickte hoch. „Tag, mein Schatz. Heute geht es ihr schon wesentlich besser. Die Behandlung scheint ihr gutzutun. Du kannst Herrn Slater anrufen und ihm ausrichten, daß er sie morgen nachmittag abholen kann." Er trat aus Dollys Verschlag. „Da wir gerade vom Telefonieren reden, solltest du nicht in der *Anmeldung* sein, damit Pat ihre Kaffeepause machen kann?"

„Ja, ja, ich gehe gleich", murmelte Linda. In ihrer Sorge um Sunshine hatte sie ganz vergessen, daß sie die Sprechstundenhilfe ablösen sollte. „Aber vorher mußt du mir sagen, wie es um Sunshine steht. Du meinst doch nicht, daß er ernsthaft krank ist?" Als Dr. Taylor nicht antwortete, bohrte Linda weiter. „Glaubst du, daß er blutarm ist? Das könnte doch sein. Dann brauchst du ihm ja nur Eisentabletten und ein paar Vitaminspritzen zu geben, nicht wahr?"

„Laß uns später darüber reden, Linda", sagte der Tierarzt und hielt ihr die Stalltür auf. „Setz dich jetzt bitte in die *Anmeldung*, und dann kannst du mir den nächsten Patienten schicken. Ich bin heute etwas im Verzug."

Dr. Taylor ging in das Behandlungszimmer, und Linda nahm ihren Platz in der *Anmeldung* ein. Das kurze Gespräch mit ihrem Vater hatte sie noch mehr beunruhigt. Er war offensichtlich ihren Fragen ausgewichen, und wenn er nichts Näheres über Sunshines Gesundheitszustand sagen wollte, dann war dieser sicher nicht in Ordnung. Sie nahm sich fest vor, ihn um eine ehrliche Antwort zu bitten, sobald Pat von der Kaffeepause zurückkam. Auf die paar Minuten kam es nicht an, selbst wenn das Wartezimmer noch voll war.

Als Linda Pat kommen sah, atmete sie erleichtert auf. Pat jedoch erzählte ihr, daß sie stark erkältet war und am liebsten nach Hause gehen würde. Das bedeutete, daß Linda den restlichen Nachmittag in der *Anmeldung* verbringen mußte.

„Du weißt ja, wie elend es mir geht, wenn ich mich erkältet habe." Pat schneuzte sich laut in ihr Taschentuch. „Aber wenn ich jetzt nach Hause gehen und ein heißes Schwitzbad nehmen kann, bin ich morgen sicher wieder gesund."

Linda seufzte. „Ist schon okay, Pat. Geh nur nach Hause. Ich komme schon zurecht."

Die Sprechstundenhilfe nahm ihre Handtasche aus der Schreibtischschublade und verließ laut niesend den Raum.

Als der letzte Patient gegangen war, zeigte die Uhr im Wartezimmer halb sechs. Toby war schon nach Hause gegangen, so daß sich nur noch Linda, ihr Vater und Mike Strickler, der für den Nachtdienst zuständig war, in der Tierklinik aufhielten.

„Was hast du denn, Mädchen?" fragte Mike. Auf seinen Besen gestützt, sah er Linda besorgt an, als sie die Tür zum Wartezimmer absperrte. „Siehst ziemlich blaß aus. Du wirst doch nicht krank werden?"

Linda schüttelte den Kopf. „Nein, mir fehlt nichts,

ich mache mir nur Sorgen um Sunshine."
„Um deinen Cockerspaniel?" Mike nahm den Besen wieder zur Hand und fegte weiter. „Ich habe ihn auf dem Untersuchungstisch liegen sehen. Was fehlt ihm denn?"
„Das weiß ich nicht", erwiderte Linda. „Ich dachte, er wäre nur beleidigt wegen Andy, aber Toby meint, daß er krank ist."
„Andy – ist das nicht der Welpe, den du zu Hause gesund pflegen willst?" fragte Mike. Als Linda nickte, fuhr er fort: „Kann schon sein, daß ihm die Sache mit Andy auf den Magen schlägt. Alte Tiere sind wie alte Menschen: Sie mögen keine Veränderungen in ihrem Leben. Aber wenn Sunshine krank sein sollte, dann ist er doch bei deinem Vater in guten Händen. Er ist entschieden der beste Tierarzt weit und breit, das solltest du doch am besten wissen."
Linda lächelte matt. „Ja, das stimmt, aber ich mache mir trotzdem Sorgen um Sunshine. Schließlich ist er schon zwölf Jahre alt."
„Was sind schon zwölf Jahre?" sagte Mike. „Verglichen mit uns Menschen, ist er noch nicht einmal neunzig. Sieh mich an! Ich habe schon meinen hundertundsechsten Geburtstag gefeiert und fühle mich wie zwanzig."
Jetzt mußte Linda lachen. „Aber Mike, vor einem Monat haben Sie gesagt, Sie wären hundertundzehn!"
Mike grinste sie an, und seine Augen blitzten schelmisch. „Na ja, im Alter wird man vergeßlich. Aber was macht das schon, ein paar Jahre mehr oder weniger?"

Linda verabschiedete sich von ihm, noch immer ein Lächeln im Gesicht. Sie ging in das Büro ihres Vaters, der an seinem Schreibtisch saß und schrieb. Sunshine lag zu seinen Füßen. Als der Cockerspaniel sie erblickte, wedelte er kaum merklich mit dem Schwanz und erhob sich langsam. Sie beugte sich zu ihm hinunter, um ihn zu streicheln. Dabei sah sie, daß seine Augen auffallend trüb waren, und seine Nase fühlte sich heiß an.

„Willst du mir nicht endlich sagen, was ihm fehlt?“ Linda schaute ihrem Vater in die Augen. „Spielt er nur den Beleidigten, oder ist er tatsächlich krank?“

Dr. Taylor rieb sich den Bart und sagte: „Linda, du weißt, daß ich erst dann eine Diagnose stelle, wenn ich Fakten vorliegen habe. Sobald ich die Ergebnisse der Blutuntersuchungen bekommen habe, kann ich dir Näheres sagen.“

„Aber du mußt doch wenigstens einen Verdacht haben“, sagte Linda. „Sag mir, was du vermutest, was es sein könnte!“

Ihr Vater erhob sich von seinem Stuhl, ging um den Schreibtisch herum und legte einen Arm um Lindas Schultern. „Sein Zustand ist ziemlich alarmierend, Kleines“, sagte er nachdenklich. „Seine Lymphknoten sind vergrößert, ebenso die Milz. Diese und andere Symptome bedeuten leider nichts Gutes...“

„Du meinst, er hat Krebs?“ sagte Linda mit tonloser Stimme. „Nein, das kann und darf nicht wahr sein!“

„Es steht auch noch nicht fest. Es kann sich auch um etwas anderes handeln. Beruhige dich also wieder. Vielleicht hätte ich dir doch nichts sagen sollen.“ Er schaute ihr in die Augen, die sich mit Tränen füllten, und seufzte. „Ach, hätte ich dir doch nichts von meinem Verdacht gesagt!“

Linda holte tief Luft. „Ich habe dich doch gebeten, mir die Wahrheit zu sagen. Wenn ich einmal Tierärztin werden will, muß ich über alles Bescheid wissen.“

Ihr Vater gab ihr einen Kuß auf die Stirn und sagte: „Das stimmt. Du hast dir da keinen einfachen Beruf ausgesucht. Man braucht viel Feingefühl, aber gleichzeitig auch ein dickes Fell – ein sehr dickes manchmal ...“

Linda hob Sunshines Leine auf, die unter einem Stapel Fachzeitschriften lag, und befestigte sie an Sunshines Halsband. „Ich glaube, es ist Zeit, daß wir aufbrechen“, sagte sie, und ihre Stimme klang heiser. „Frau Racer wartet sicher schon mit dem Essen auf uns.“

Der Tierarzt gab Mike Strickler noch ein paar Anweisungen, bevor sie zum Auto gingen und sich auf den Heimweg machten.

Sie schwiegen eine Zeitlang, und beide dachten an Sunshine, der auf der Rückbank lag. Schließlich brach Dr. Taylor als erster das Schweigen und sagte: „Ich möchte Erin und Teddy nicht beunruhigen. Sie sollen nicht wissen, wie es um Sunshine steht. Deshalb bitte ich dich, dir nichts anmerken zu lassen. Glaubst du, daß dir das gelingen wird?“

Linda zwang sich zu einem Lächeln. „Wenn du es kannst, kann ich es auch“, sagte sie, denn sie wußte, wie nahe die Sache ihrem Vater ging, der Sunshine ebensosehr liebte wie sie selbst. Sie schaute über die Rückenlehne zu Sunshine, der aus dem Wagenfenster starrte. Im Dämmerlicht sah er aus wie früher, als er noch gesund und munter war.

Aber vielleicht hatte er gar nicht Krebs, dachte Linda. Schließlich war sich auch ihr Vater noch nicht sicher darüber. Es konnte ja auch eine harmlosere Krankheit sein. Unwillkürlich mußte sie an den Kater Charlie denken, der Teddys Freundin Sparky gehörte. Er war sterbenskrank gewesen, und ihr Vater hatte ihn wieder gesund gemacht. Außer Charlie hatte er unzähligen Tieren das Leben gerettet, obwohl andere bereits die Hoffnung aufgegeben hatten. Warum sollte nicht auch für Sunshine noch Hoffnung bestehen? Selbst wenn sich herausstellen sollte, daß er an Krebs erkrankt war, so hieß das noch lange nicht, daß er sterben mußte. Man könnte ihn ja mit Chemotherapie behandeln und mit anderen neuen Methoden, die der Medizin zur Verfügung standen. Schließlich war ihr Vater der beste Tierarzt in der Gegend, und er würde Sunshine sicher heilen können, egal wie ernst seine Krankheit war.

Ein ernstes Gespräch

Teddy wartete bereits vor der Haustür, als Linda und ihr Vater mit Sunshine gegen Abend heimkamen.

„Willst du einen Faschingswitz hören?“ überfiel

Teddy seine Schwester. „Er ist echt spitze. Billy hat ihn mir erzählt. Ein Krokodil will auf ein Faschingsfest gehen ..."

„Teddy, mir ist im Augenblick nicht zum Lachen", unterbrach ihn Linda. „Außerdem ist es noch eine Weile hin bis zum Fasching."

„Was willst du im Oktober mit einem Faschingswitz?" mischte sich nun auch Dr. Taylor ein. Er beugte sich zu Jocko hinunter, der aufgeregt mit dem Schwanz wedelte, als Linda und er den Flur betraten. Dann begrüßte Jocko freudig Sunshine, den er offensichtlich vermißt hatte. Die beiden Hunde waren praktisch nie voneinander getrennt gewesen.

„Wieso soll es für einen Faschingswitz zu früh sein?" ertönte Erins Stimme von oben. „Dieses Jahr beginnt er bereits im November. Einige Mädchen aus meiner Klasse wissen sogar schon, an welchem Tag sie eine Party geben und welches Kostüm sie tragen werden. Sharon hat Olivia und mich schon gefragt, ob wir ihr beim Dekorieren helfen wollen. Wir werden ihren Hobbyraum in eine Art Gruselkabinett mit weißen Laken an schwarzen Wänden und gespenstischer Beleuchtung verwandeln."

„Sparkys Mutter hat versprochen, das Sparky auch ein Faschingsfest machen darf", sagte Teddy. „Das wird noch viel toller ausfallen als das von Sharon!" Er grub seine Hand in Sunshines dichtes, goldbraunes Fell. Der Cockerspaniel wedelte mit dem Schwanz und leckte die Hand des Jungen.

„Ich weiß auch schon, welches Kostüm ich diesmal tragen werde", sagte Erin, die den anderen ins Wohnzimmer gefolgt war. „Ich möchte als Dornröschen gehen. Frau Racer hat mir schon versprochen, mein Kleid zu nähen: Ein Tüllröckchen, dazu ein Oberteil aus Samt. Und auf dem Kopf trage ich Mamas Schleier, den sie aufhatte, als sie im Pennsylvania-Ballett das Dornröschen tanzte. Linda, weißt du schon, was du diesen Fasching anziehen wirst?"

Doch bevor Linda antworten konnte, platzte Teddy dazwischen: „Wenn du als Dornröschen gehst, Erin, dann mußt du aber die ganze Zeit die Augen geschlossen halten. Ich rate dir, Sunshine als Blindenhund zu benützen."

„Ich bin aber das Dornröschen *nach* seinem Erwachen", klärte Erin den Bruder auf und warf kokett den Kopf zurück. Dann streichelte sie Sunshine und fragte: „Paps, hast du ihn untersucht? Ist alles in Ordnung mit ihm?"

„Wo steckt denn eigentlich Andy?" fragte Linda rasch dazwischen. „Ist er noch in meinem Zimmer?"

„Wahrscheinlich. Ich habe ihn noch nicht gesehen, seit ich zu Hause bin", erwiderte Erin. „Und Cleveland ist bei Frau Racer in der Küche."

„Er frißt gerade", erklärte Frau Racer, die soeben das Wohnzimmer betrat. Sie hatte bereits ihre Schürze abgenommen und sich ihre Kappe aufgesetzt, unter der ein paar graue Haarsträhnen hervorschauten. „Cleveland frißt nur dann, wenn Andy nicht dabei ist. Deshalb füttere ich ihn in der Küche, bevor ich nach Hause gehe. Guten Abend, Doktor, hallo, Linda. Was ist mit Sunshine?"

„Oh, für sein Alter ist er noch recht gesund", sagte Dr. Taylor und wich dabei Lindas Blick aus. „Und hier zu Hause ist alles in Ordnung?"

Frau Racer lächelte. „Alles bestens, Doktor. Das Abendessen ist fertig. Linda, würdest du bitte mit Erin den Tisch decken? Teddy, vergiß nicht, den Aufsatz zu schreiben, den du für morgen auf hast." In diesem Augenblick ertönte vor dem Haus eine Autohupe. „Das ist mein Sohn Henry. Ich muß gehen. Also dann bis morgen. Auf Wiedersehen!"

„Schönen Abend, Frau Racer", sagte Teddy, während er ihr die Haustür aufhielt und Jocko am Halsband festhielt, damit er ihr nicht nachlief.

„Vielleicht solltest du Sunshine zuerst füttern, und dann Andy aus deinem Zimmer lassen", schlug Erin ihrer älteren Schwester vor. „Mit ihm ist es wie mit Cleveland: Er frißt nur dann, wenn Andy nicht dabei ist. Teddy kann mir ja beim Tischdecken helfen."

„Muß das sein?" brummte Teddy und sah seinen Vater fragend an. „Das ist doch Frauensache."

„In unserer Familie gibt es keine Frauen- und keine Männersachen", schärfte sein Vater ihm ein und gab ihm einen leichten Klaps auf seine Baseballmütze, von der Teddy sich nur zum Schlafengehen trennte. „Das solltest du inzwischen eigentlich wissen."

„Ja, das weiß ich schon, aber deswegen muß es mir

noch lange nicht gefallen", maulte Teddy auf dem Weg zur Küche.

Während er den Tisch deckte und Erin das Essen auftrug, liebkoste Linda ihren Kater und öffnete eine Fleischkonserve für Sunshine. Er schnupperte daran, aber das war auch schon alles.

„Er wird noch ganz mager werden", meinte Erin. „Seid ihr sicher, daß ihm nichts fehlt?"

„Alte Hunde fressen nicht mehr viel", erklärte ihr Linda. „Da sie sich nicht mehr viel bewegen, brauchen sie auch nicht viel zu fressen."

„Dafür frißt Andy für zwei, obwohl er sich auch nicht viel bewegt", entgegnete ihr Teddy. „Aber wahrscheinlich fressen Welpen immer soviel, weil sie noch wachsen müssen. Wie groß glaubst du denn, Linda, wird er einmal sein? So groß wie Sunshine?"

Linda zuckte die Achseln. „Vielleicht sogar größer. Wir wissen noch nicht, um was für einen Hund es sich handelt, nur daß es ein Mischling ist. Wenn einer von seinen Eltern ein ungarischer Hirtenhund ist, wird er sicher eine stattliche Größe erreichen."

Sie ging nach oben in ihr Zimmer, um Andy zu holen. Dieser hatte noch etwas Mühe beim Treppensteigen, und als er schließlich unten angekommen war, kam er mit in die Küche, wo Erin, Teddy und Dr. Taylor bereits am Eßtisch saßen. Obwohl die Makkaroni, die Frau Racer für sie zubereitet hatte, köstlich schmeckten, brachte Linda kaum einen Bissen hinunter. Trotzdem tat sie so, als würde sie essen, denn Erin und Teddy, die munter von der Schule erzählten, sollten ihr ihren Kummer nicht anmerken.

Lindas Blick fiel immer wieder auf Sunshine, der unter dem Tisch lag, den Kopf auf den Vorderpfoten. Andy hockte neben ihrem Stuhl und schaute von einem zum anderen. Sie dachte an die Zeit, als Sunshine noch ein Welpe und ein richtiges Energiebündel gewesen war. Er war das erste Haustier, an das sie sich erinnern konnte. Eine Zeitlang war er sogar größer gewesen als sie selbst. Und trotzdem war er die Sanftmut in Person ...

„He, wach auf, Linda!" rief Erin. „Du hörst uns ja gar nicht zu!"

Linda zuckte zusammen. „Entschuldige, Erin. Was hast du gesagt?"

„Du hast nichts versäumt", sagte Teddy mampfend. „Sie hat uns nur wieder mit ihrer Tanzerei die Ohren vollgequasselt. Diesmal wollen sie in einem Altersheim einen ollen Volkstanz aufführen."

„Teddy, man spricht nicht mit vollem Mund!" ermahnte ihn sein Vater.

„Von wegen oller Volkstanz!" empörte sich Erin. „Fräulein Tamara hat mit uns wunderschöne Tänze einstudiert, und Olivia und ich tanzen den Solopart. Aber das will sie erst morgen verkünden."

Linda lächelte. „Das ist ja fabelhaft. Aber wie weißt du das schon, wenn ihr es erst morgen erfahren sollt?"

„Weil Olivias Mutter Fräulein Tamara heute nachmittag beim Einkaufen getroffen hat und sie es ihr erzählt

6 4392-8

hat. Sie hat es gleich Olivia gesagt, und die hat es mir weitererzählt. Wir werden natürlich so tun, als wäre es eine große Überraschung für uns."

„Wirst du auch einen Bauchtanz aufführen? Damit mal alle deinen dicken Bauch sehen können?" frotzelte Teddy sie.

„Paps ...!" rief Erin verzweifelt.

„Schluß damit, Teddy!" sagte Dr. Taylor energisch und erhob sich, um die Teller einzusammeln. Als er nach Lindas Teller griff, meinte er: „Du hast aber nicht viel gegessen, Schatz."

Linda seufzte. „Ich hatte keinen Hunger."

„Ich hole die Nachspeise", ereiferte sich Erin. „Magst du eine, Linda?"

Linda schüttelte den Kopf. „Ich glaube nicht. Mein Magen ist nicht ganz in Ordnung. Paps, darf ich nach oben gehen, ich habe noch Hausaufgaben zu machen. Ich komme aber später runter, um Erin beim Aufräumen zu helfen."

Dr. Taylor nickte, und Linda streichelte noch einmal Sunshines seidiges Fell, ehe sie Cleveland vom Küchenschrank hob, wo er die ganze Zeit mißmutig auf Andy hinuntergeschaut hatte. Als sie zur Küche hinausging, hörte sie noch, wie Erin sagte: „Was ist denn mit Linda los? Brütet sie eine Krankheit aus, Paps?"

„Nein, sie ist nur etwas abgespannt", beruhigte sie ihr Vater. „Im Moment hat sie ein bißchen viel um die Ohren. Außerdem ist da noch Andy..."

Und Sunshine, dachte Linda. Ja, vor allem Sunshine ...

Am nächsten Tag hätte Linda normalerweise nicht im Tier-Treff ausgeholfen, aber sie wollte wissen, ob das Labor die Resultate der Blutuntersuchungen schon geschickt hatte. Deshalb fuhr sie gleich nach der Schule mit dem Rad in die Birkenallee. Es war ein herrlicher, sonniger Herbsttag.

„Hallo, Linda“, begrüßte Pat Dempwolf sie, als sie die *Anmeldung* betrat. „Willst du mit Gray Ghost ausreiten?“

„Vielleicht“, erwiderte Linda. „Ich muß Paps sprechen. Weißt du, wo er ist?“

Die Sprechstundenhilfe lächelte ihr freundlich zu. „Ich glaube, er ist in seinem Büro und sieht sich die Labortests an, die soeben gekommen sind.“

„Danke, Pat.“ Linda öffnete die Tür zum Sprechzimmer. Dr. Taylor saß hinter seinem Schreibtisch und war in ein paar Unterlagen vertieft.

„Tag, Paps. Du kannst dir sicher denken, warum ich hier bin.“

Ihr Vater blickte hoch, und sein Gesicht war ernster als sonst. „Setz dich doch“, sagte er und deutete auf den Stuhl vor seinem Schreibtisch.

Linda nahm Platz und verkrampfte die Finger ineinander. „Keine gute Nachricht, nicht wahr?“ fragte sie mit kleiner Stimme.

„Ja.“ Ihr Vater legte das Blatt aus der Hand. „Die Wahrheit ist: Sunshine hat Krebs. Und zwar eine Form, die bei Hunden ziemlich häufig vorkommt. Kein Mensch kann sagen, wodurch sie entsteht. Und bei alten Hunden ist sie besonders gefährlich."

Linda senkte den Kopf und verkrampfte die Finger noch fester ineinander, so daß die Knöchel weiß wurden. „Willst du damit sagen, daß er daran sterben kann?" fragte sie tonlos.

„Vielleicht." Ihr Vater lehnte sich zurück und rieb sich die müden Augen.

„Aber er kann doch mit Chemotherapie behandelt werden! Dann wird er wieder gesund. Was meinst du? Dann könnte er noch ein paar Jahre leben."

Dr. Taylor nickte. „Nicht Jahre, aber Monate. Doch auch das ist ungewiß. Und es werden keine schönen Monate für Sunshine sein. Die Nebenwirkungen einer Chemotherapie ..."

Linda ließ ihn nicht ausreden. „Aber er wird nicht sterben. Du mußt es verhindern!" rief sie. „Sag mir, daß du ihn heilen kannst!"

Als ihr Vater nicht gleich antwortete, beugte sie sich über den Schreibtisch und sagte eindringlich: „Du kannst doch nicht einfach zusehen, wie er stirbt?"

„Nein, Kleines, das werde ich sicher nicht", erwiderte Dr. Taylor und sah ihr in die Augen. „Ich glaube, dir ist noch nicht klar, daß Sunshine sehr wahrscheinlich große Schmerzen hat. Im Gegensatz zu uns Menschen jammern Tiere aber nicht, wenn sie leiden. Daher wissen wir auch nicht, wie schlecht es ihnen geht, außer es handelt sich um einen Beinbruch oder eine sichtbare Wunde." Er hielt einen Augenblick inne, bevor er fortfuhr: „Es gibt Fälle, da ist es humaner, ein Tier einzuschläfern, als es einen qualvollen Tod erleiden zu lassen."

Linda schaute ihren Vater ungläubig an. „Willst du Sunshine etwa töten? Nein, das kannst du nicht tun! Als Tierarzt ist es deine Pflicht, Leben zu retten und nicht zu vernichten! Erinnerst du dich, wie Herr Merrill damals Gray Ghost einschläfern lassen wollte? Da hast du dich doch auch geweigert, es zu tun? Deshalb kannst du auch jetzt nicht über Sunshines Leben entscheiden."

„Du kannst die beiden Fälle nicht miteinander vergleichen. Ghost war nicht sterbenskrank. Er konnte nur nicht mehr gut genug sehen, um an Springturnieren teilzunehmen. Aber sonst fehlte ihm nichts. Sunshine dagegen ..."

„Nein und nochmals nein!" schluchzte Linda. „Ich will nicht, daß du ihn tötest! Du mußt ihm noch eine Chance geben. Er hat sie verdient. Du kannst nicht einfach hergehen und ihn einschläfern! Das werde ich nicht zulassen!"

Ihr Vater nahm ihre Hand. „Kleines, du kannst mir glauben, daß es kein leichter Schritt für mich ist. Ich würde es viel lieber nicht tun. Ich liebe Sunshine ebensosehr wie du. Aber wie ich dir schon neulich sagte, muß ein Tierarzt auch ein dickes Fell haben und darf sich nicht von seinen Gefühlen leiten lassen, wenn es darum geht, für ein Tier das Beste zu tun. Und manchmal ist das beste ..."

„Es zu töten?" Linda zog ruckartig ihre Hand zurück. „Das kann ich nicht glauben. Nein, das glaube ich einfach nicht! Das kannst du nicht mit Sunshine machen. Er ist mehr als ein Hund, er ist ein Mitglied unserer Familie."

Dr. Taylor seufzte. „Das weiß ich, Linda." Er zog das rote Tüchlein hervor, das er immer bei sich hatte, um das Sehvermögen eines Tieres zu testen, und reichte es Linda. Wortlos trocknete sie sich die Tränen damit. „Ich habe immer versucht, dich nicht mit dieser Seite des Tierarztberufes zu konfrontieren", fuhr er fort. „Du weißt, wie sehr es mich freut und mit Stolz erfüllt, daß du einmal Tierärztin werden willst." Linda nickte. „Aber du bist noch sehr jung, und aus diesem Grund wollte ich dich immer mit den schwersten Aufgaben, die dieser Beruf mit sich bringt, verschonen. Jedesmal, wenn ich mich gezwungen sehe, ein Tier zu töten, macht mich das sehr, sehr traurig. Ich spreche nicht darüber, und bis jetzt habe ich es immer nur dann getan, wenn weder du noch Toby in der Klinik wart."

„Aber ich habe es trotzdem immer gewußt." Lindas Kehle war wie zugeschnürt. „Du warst dann jedesmal so schweigsam, wenn du nach Hause kamst. Außerdem bekam ich dieses Tier nie wieder zu Gesicht. Ich wußte genau, was vorging, aber ich wollte es nicht wahrhaben. Ich will es noch immer nicht." Sie holte tief Luft. „Paps, bitte, gib Sunshine nicht so rasch auf. Tu noch alles, was in deiner Macht liegt! Jedesmal, wenn ich in deinen Fachzeitschriften blättere, lese ich von neuen Medikamenten oder neuen Therapien, mit denen man schweren Krankheiten beizukommen versucht. Stell dir vor, du schläferst Sunshine ein, und gleichzeitig entdeckt jemand ein Mittel, mit dem er geheilt werden könnte! Paps, du mußt ihm noch eine Chance geben!"

Dr. Taylor stand auf und legte einen Arm um Lindas Schultern. „Nun gut, Kleines. Ich werde alles Menschenmögliche für ihn tun. Aber eines laß dir gesagt sein: Manchmal ist eine Behandlung qualvoller als die Krankheit selbst."

Linda lehnte ihren Kopf an die Schulter des Vaters und sagte: „Aber der Tod ist allemal schlimmer. Du selbst sagst doch immer: jedes Leben ist lebenswert. Und das trifft auch auf Sunshine zu."

„Daran habe ich auch nie nur eine Sekunde lang gezweifelt", erwiderte ihr Vater.

In diesem Augenblick ertönte Pats Stimme aus der Sprechanlage. „Doktor, Herr McAdams ist mit Spikes da. Er ist für halb vier Uhr vorgemerkt."

Dr. Taylor nahm seinen Arm von Lindas Schulter und sprach in den Apparat: „Ich komme sofort, Pat. Sagen Sie Toby, er soll Spikes in das erste Behandlungszimmer bringen." Dann wandte er sich noch einmal an Linda: „Warum reitest du nicht ein wenig aus? Es ist ein so schöner Tag, und Gray Ghost fühlt sich in der letzten Zeit sicher etwas vernachlässigt."

„Ja, das ist eine gute Idee", erwiderte Linda und gab ihrem Vater das Tuch zurück. Dann verließ sie mit ihm das Büro und rannte durch den Seiteneingang in Richtung Stall.

Doch trotz der warmen Herbstsonne fröstelte sie innerlich. Sunshine war todkrank. Was aber, wenn ihr Vater ihn nicht retten konnte? Wenn ihm nichts anderes übrigblieb als ihn einzuschläfern?

Bei diesem Gedanken lief ihr ein eiskalter Schauer über den Rücken. „Vielleicht eigne ich mich doch nicht für den Tierarztberuf?" sagte sie leise vor sich hin.

Partypläne

Gleich am darauffolgenden Tag begann Dr. Taylor mit Sunshines Behandlung. Er hatte mit Linda vereinbart, daß sie Teddy und Erin verschweigen würden, wie schlimm es um den Hund stand. Die beiden würden sich nur Sorgen um den liebgewonnenen Hausgenossen machen, könnten ihm aber trotzdem nicht helfen. Linda nahm sich vor, auch Jill nichts von Sunshines tödlicher Krankheit zu erzählen. Toby war der einzige, der Bescheid wußte. Da er wie Linda in der Klinik aushalf und die Krankheiten aller Tiere kannte, durfte auch Sunshines Zustand kein Geheimnis für ihn bleiben. Außerdem hätte Toby auch von selbst herausgefunden, an welcher Krankheit Sunshine litt, wenn der Tierarzt ihn in regelmäßigen Abständen chemotherapeutisch behandelte.

„Das mit Sunshine tut mir schrecklich leid, Linda", sagte Toby eines Nachmittags. „Glaubst du, daß sich sein Zustand bessert?"

„Na klar", tat Linda zuversichtlich. „Er wird wieder

gesund werden. Du weißt ebensogut wie ich, daß mein Vater der beste Tierarzt in der Gegend ist. Willst du Frau Murphys Katze hinaustragen, oder soll ich es tun?"

Toby nahm die weiß-grau getigerte Katze auf den Arm, die noch leicht betäubt war von der Spritze, die sie vor dem Zahnziehen bekommen hatte. „Ich bringe sie ins Wartezimmer. Was aber Sunshine betrifft, so..."

„Toby, ich will jetzt nicht darüber reden", schnitt Linda ihm das Wort ab. „Ich habe dir bereits gesagt, daß er wieder gesund wird."

Mit diesen Worten verließ sie das Behandlungszimmer, um den nächsten Patienten zu holen. Es tat ihr leid, daß sie so schroff zu Toby gewesen war, aber sie konnte sich leichter mit Sunshines Krankheit abfinden, wenn sie nicht darüber sprach, selbst nicht mit ihrem Vater. Wenn Toby ihr sagte, wie leid Sunshine ihm tat, wurde sie nur daran erinnert, wie schlecht seine Chancen standen. Und daran wollte sie auf keinen Fall erinnert werden.

Mit jeder Woche, die verstrich, schien der arme Hund dünner und schwächer zu werden. Das konnte auch Erin und Teddy nicht verborgen bleiben.

„Ja, Sunshines Gesundheit ist etwas angeschlagen", erklärte ihnen ihr Vater. „Wenn Hunde alt werden, brauchen sie mehr ärztliche Betreuung. Deshalb nehme ich Sunshine regelmäßig mit in die Klinik, um ihn von Kopf bis Fuß zu untersuchen. Im Augenblick geht es ihm gar nicht gut, aber es besteht dennoch kein Grund zur Besorgnis."

„Bei Paps ist er in guten Händen“, fügte Linda hinzu.

Teddy und Erin schienen wieder beruhigt zu sein. Außerdem waren sie so sehr mit anderen Dingen beschäftigt, daß sie kaum Zeit für die Hunde hatten, mit Ausnahme von Andy, der von Tag zu Tag kräftiger und lebhafter wurde.

Linda war über die Fortschritte, die der Welpe machte, ebenso erfreut wie ihr Vater. Es tat ihr gut, zu sehen, wie ihr Patient zusehends zu Kräften kam, und dieser Erfolg bestärkte sie wieder in ihrem Wunsch, Tierärztin zu werden. Es würde nicht mehr lange dauern, und sie könnten Andy die Bandage an seinem Bein abnehmen, was gleichzeitig bedeutete, daß sie ihn ins Tierheim entlassen konnten, wo sich gewiß bald ein neuer Besitzer für ihn finden würde. Aber auch diesen Gedanken schob Linda entschieden von sich.

Doch dann, Ende Oktober, als das Laub auf den Bäumen sich gelb und rötlich verfärbte, schien es mit Sunshine plötzlich aufwärtszugehen. Er hatte wieder Appetit, in seine Augen kehrte der alte Glanz zurück, und selbst sein stumpfes, trockenes Fell bekam einen seidigen Schimmer. Als ihn der Tierarzt bei der nächsten Untersuchung auf die Waage stellte, hatte er ein ganzes Pfund zugenommen.

„Ich wußte es!“ jubelte Linda, während sie sein Gewicht in die Karteikarte eintrug. „Er wird wieder gesund. Paps, du hast ihm das Leben gerettet!“

Dr. Taylor lächelte und meinte: „Er ist eine Kämpfernatur. Und er weiß auch, wie sehr wir ihn lieben.

Wie uns Menschen, so gibt auch die Liebe den Tieren Kraft. Wir werden die Behandlung wie gehabt fortsetzen und fest die Daumen drücken."

„Das klingt nicht gerade wissenschaftlich", bemerkte Linda lachend.

„Da hast du recht, Kleines", gab ihr Vater zu. „Aber die Medizin ist nun mal keine exakte Wissenschaft, auch wenn die Ärzte manchmal so tun, als wäre sie eine. Es gibt nämlich eine Menge Faktoren, die unsere Berechnungen zunichte machen. Einer davon ist der Lebenswille. Und dieser ist bei Sunshine zum Glück stark ausgeprägt."

„Ich bin auch fest davon überzeugt, daß er gesund wird." Linda streichelte das goldbraune Fell des Hundes.

„Ja, das weiß ich, Schatz."

Jetzt, da es Sunshine besserging, machte sich Linda keine Sorgen mehr um ihn und schmiedete wie Teddy und Erin Faschingspläne.

„Glaubst du, wir sind schon zu alt für den Faschingsumzug?" fragte sie Jill, als sie mit ihr, Sarah, Alison, Lisa und Robin in der Schulkantine zu Mittag aß.

„Ich weiß nicht recht..." Jill biß in ihr Sandwich. „Warum sollten wir auf diesen Spaß verzichten, nur weil wir Teenager sind?"

„Ich mache auf jeden Fall mit", verkündete Sarah.

„Wer von euch wurde zu Susan Bascombes Party eingeladen?" wollte Robin wissen. Alle stöhnten gelangweilt.

„Ich nicht“, sagte Alison. „Und selbst wenn, so ginge ich auf keinen Fall hin. Kimberly hat mir erzählt, daß sie sich dämliche Knutschspiele ausgedacht hat.“

„Auch das noch!“ Lisa verzog angewidert das Gesicht. „Könnt ihr euch vorstellen, Butch Fisher küssen zu müssen?“

„Oder Robert Ford?“ kicherte Linda. „Seine Zahnspangen würden euch die Lippen zerquetschen!“

„Also wir machen sicher beim Umzug mit“, schlug Sarah vor. „Ich finde, es macht einen Heidenspaß, schon allein ein lustiges Kostüm zu kaufen. Anschließend könntet ihr alle zu mir nach Hause kommen. Meine Eltern haben sicher nichts dagegen. Wißt ihr schon, als was ihr euch verkleiden wollt?“

Alison hatte beschlossen, als Hamburger zu gehen. Lisa wollte ein Rockstar mir rosafarbenen Haaren sein. Sarah wollte sich als Hexe verkleiden, und Jill schwebte Kleopatra vor. „Als was willst du gehen, Linda?“ fragte Jill.

Linda zuckte die Achseln. „Ich habe noch nicht darüber nachgedacht“, sagte sie und kaute an ihrer Gemüseboulette. Plötzlich hatte sie eine Idee. „Ich könnte mich als Vogelscheuche verkleiden. Ich ziehe Jeans an, dazu eines von Paps verschlissenen Hemden, und dann stopfe ich es mit Stroh aus, das wir im Stall rumliegen haben. Gibst du wirklich eine Party, Sarah?“

„Na, klar, warum nicht? Bei mir ist es sicher viel lustiger als bei Susan. Und wenn ich auch Jungs einlade, dann verspreche ich euch, daß es keine Knutschspiele gibt.“

„Du mußt unbedingt Toby Curran einladen“, schlug Jill vor. „Er ist Lindas bester Freund. Er geht zwar nicht auf unsere Schule, aber das macht ja nichts. Er ist wirklich ein netter Kerl.“

„Glaubst du, er würde kommen, Linda?“ fragte Sarah. „Und meinst du, er könnte aus einer der Eisdielen seines Vaters Eis mitbringen?“

„Da bin ich wirklich überfragt“, meinte Linda. „Toby ist die meiste Zeit mit Freunden aus seiner Schule zusammen. Vielleicht findet er auch Faschingspartys albern. Wenn du willst, kann ich ihn ja fragen, ob er Lust hat, zu kommen.“

„Und ich werde Jimmy Dunkle und Lewis Morgan fragen“, schlug Robin vor. „Ich sag euch was, das wird eine Superfete! Und Susan Bascombe wird sich darüber grün und blau ärgern!“

„Ich glaube, ich werde als Rambo gehen“, verkündete Teddy am nächsten Abend. „Oder als Roboter. Oder vielleicht als Marsmensch – oder...“

Erin stöhnte: „Wenn du noch lange hin und her überlegst, wirst du das gleiche tragen wie letztes Jahr. Frau Racer hat mein Dornröschenkostüm fast fertig. Es ist absolute Spitze! Hoffentlich ist es nicht recht kalt, denn ich habe keine Lust, einen Mantel darüber zu tragen.“

„Selbst wenn es so wäre, dann kannst du ihn ja gleich wieder ausziehen, wenn du bei Sharon angekommen bist“, meinte Dr. Taylor und blickte über den Rand der

Zeitung. „Wenn Sharon die schönsten Kostüme preiskrönt, dann wirst sicherlich du den ersten Preis bekommen."

„Danke, Paps." Erin strahlte über das ganze Gesicht. „Das glaube ich auch! Als was will denn Sparky gehen?" fragte sie ihren Bruder.

Teddy zog ein langes Gesicht. „Als Prinzesssin. Was Besseres ist ihr leider nicht eingefallen. So mit Krone auf dem Kopf und all dem Kram, der dazugehört. Wenn ihre Rattenschwänze unter der Krone hervorschauen, wird sie ganz schön dämlich aussehen!"

Linda, die zwischen Sunshine und Andy auf dem Fußboden saß, grinste. „Vielleicht wird sie zu dem Prinzessinnenkleid keine Zöpfe tragen. Ich finde es nicht nett von dir, Teddy, daß du dich über sie lustig machst, wo sie doch ein so liebes Mädchen ist."

„Ja, ich weiß, aber trotzdem geht sie mir manchmal auf den Geist", brummte Teddy und sprang von dem Sofa herunter, um den Fernseher einzuschalten. „Paps, darf ich fernsehen? Ich habe schon alle Hausaufgaben gemacht, und jetzt kommt meine Lieblingssendung."

Sein Vater nickte. „Okay, aber sobald sie aus ist, gehst du ins Bett. Hast du verstanden?"

Teddy legte sich bäuchlings vor den Fernsehapparat und drückte auf die Fernbedienung. Jocko streckte sich neben ihm aus, während eine neue Fortsetzung von *Kampf im Weltall* begann.

Linda stand auf. „Ich rufe mal Toby an. Sarah Jones will eine Faschingsparty geben, und ich soll Toby fragen, ob er auch kommen möchte. Ich wollte es eigentlich schon im Tier-Treff tun, aber da habe ich es vergessen." Andy und Sunshine folgten ihr in die Küche. In Wirklichkeit hatte sie gar nicht vergessen, Toby danach zu fragen, aber weil sie mit ihm nicht über Sunshine reden wollte, war er ihr den ganzen Nachmittag aus dem Weg gegangen. Erst da war ihr klargeworden, daß sie seine Gefühle verletzt hatte. Vielleicht würde sie ihn wieder versöhnlich stimmen können, wenn sie ihn fragte, ob er mit auf die Party kommen wollte. Am Telefon redete es sich auch leichter.

„Hallo, Linda!" sagte Toby gedehnt, als er ihre Stimme hörte. „Was gibt es?" Er schien sich über ihren Anruf nicht gerade zu freuen.

„Nichts Besonderes. Ich wollte dich nur fragen, ob du Lust hättest, übernächsten Freitag auf eine Party zu kommen."

„Wie kommst du denn auf diese Idee?" fragte Toby mißtrauisch.

Linda seufzte. „Na, so ausgefallen ist sie ja auch wieder nicht. Also, entschließ dich: ja oder nein!"

„Aber warum fragst du ausgerechnet mich, wo du doch in der letzten Zeit kaum ein Wort mit mir geredet hast?" wunderte sich Toby.

„Entschuldige, du warst derjenige, der mit mir nicht reden wollte", stellte Linda klar. „Aber was soll das Ganze? Laß uns doch wie vernünftige Leute miteinander reden. Meinst du, ich würde dich bitten, zu kommen, wenn ich es nicht wollte?"

In diesem Augenblick sah sie, wie Sunshine auf seinen Futternapf zutrottete und die Reste vom Abend aufaß. Sie lächelte zufrieden vor sich hin. „Übrigens, Toby, falls du es nicht bemerkt haben solltest, Sunshine geht es schon viel besser. Als Paps ihn das letzte Mal wog..."

„Hatte er ein Pfund mehr", unterbrach Toby sie. „Ich habe mir seine Karteikarte angesehen. Das ist wirklich erfreulich." Seine Stimme klang schon etwas munterer. „Nett von dir, daß du an mich gedacht hast, aber ich kann leider nicht auf die Party kommen. Wir haben eine Veranstaltung in der Schule, und anschließend haben wir ein paar Freunde nach Hause eingeladen. Nur Jungs", fügte er rasch hinzu, „ansonsten hätte ich dich sicher gebeten, zu kommen."

„Schade. Welches Kostüm willst du dieses Jahr tragen?"

„Kostüm?" Tobys Stimme klang verwundert. „Ich trage doch kein Kostüm mehr. Das ist doch Kinderkram. Aber mein kleiner Bruder Jake verkleidet sich als Seeräuber oder vielleicht als Astronaut. Er hat sich noch nicht endgültig entschieden."

„Teddy auch noch nicht", sagte Linda. Sie wollte ihm nicht gestehen, daß auch sie vorhatte, sich zu kostümieren. „Also, dann bis morgen im Tier-Treff. Wenn das Wetter gut ist, möchtest du dann auf Gray Ghost ausreiten?"

„Das wäre super", freute sich Toby. „Gute Nacht, Linda, bis morgen."

Als Linda den Hörer auflegte, fühlte sie sich gleich

7 4392-8

wohler. Sunshine ging es offensichtlich besser, und Toby war nicht mehr böse auf sie. Sie freute sich auf Sarahs Party, und plötzlich schien alles rundherum in Ordnung zu sein.

Abschied von Sunshine

Zwei Tage vor Faschingsbeginn, als Linda Teddy gerade beim Zusammenstellen seines Kostüms half, klingelte das Telefon. Linda nahm den Hörer ab, und Pat Dempwolf meldete sich mit aufgeregter Stimme.

„Stell dir vor, Linda, soeben hat Jim Hartman aus dem Krankenhaus angerufen: Donna hat ein Mädchen bekommen. Es wiegt sieben Pfund und ist kerngesund. Und weißt du, wie sie es nennen werden? Linda! Das wird dich sicher riesig freuen."

Linda fühlte, wie ihr das Blut in die Wangen schoß. „Das ist wirklich eine erfreuliche Nachricht, Pat", rief sie ins Telefon. „Danke, daß du mich gleich angerufen hast. Wie geht es Donna?"

„Jim sagt, es könnte ihr nicht besser gehen. Er kommt morgen in den Tier-Treff und gibt eine Runde aus."

„Hoffentlich kannst du dann noch einen Hund von einer Katze unterscheiden!" meinte Linda lachend.

„Du traust mir wohl gar nichts zu! O Linda, ich muß an den anderen Apparat. Wir sehen uns später."

„Nochmals vielen Dank für deinen Anruf, tschüs."

Kaum hatte Linda aufgelegt, bestürmten Erin und Teddy sie mit Fragen. „Was ist denn die erfreuliche Nachricht? Was ist denn passiert?“

„Warum sollte Pat einen Hund nicht von einer Katze unterscheiden können?“ wollte Teddy wissen und machte große Augen.

Als Linda von Donnas Baby berichtete, blickte sie ihr Bruder enttäuscht an, denn unter einer erfreulichen Nachricht verstand er etwas ganz anderes. Erin dagegen freute sich riesig. „Ich finde es super, daß sie das Baby nach dir benennen“, sagte sie und strahlte übers ganze Gesicht. „Ich werde für Donna eine hübsche Karte malen. Vielleicht erlauben mir Jim und Donna, auf Linda aufzupassen, wenn sie etwas größer ist. Ich würde nicht viel Geld dafür nehmen, weniger als die meisten Babysitter, denn die Sache an sich würde mir schon Spaß machen.“

„Das wäre mir viel zu langweilig“, brummte Teddy. „Mit Babys kann man doch nichts anfangen. Die liegen bloß da und schreien.“

Linda sah ihn lachend an und meinte: „Niemand verlangt von dir, daß du babysittest, Teddy. Aber es wäre trotzdem nett von dir, wenn auch du für Donna und Jim eine Glückwunschkarte malen würdest.“

„Mach ich, Schwesterherz. Es könnte ja auch eine Faschingskarte sein, mit einem kostümierten Baby darauf. Einem zahnlosen Baby, versteht sich.“

Linda und Erin brachen in Gelächter aus, und sogar Sunshine, den die Neugier in die Küche getrieben hatte, in der es plötzlich so laut herging, wedelte mit seinem buschigen Schwanz.

Nach der Schule probierte Frau Racer mit Erin und Teddy die Kostüme an. Der Junge hatte sich letztendlich für einen der Außerirdischen entschieden, wie er sie aus der Fernsehserie *Kampf im Weltall* kannte. Erin sah hinreißend aus in ihrem zarten Donröschengewand, das ihre zierliche Figur noch mehr betonte.

Nachdem Olivia und ihre Mutter Erin abgeholt hatten, um sie zu Sharons Party mitzunehmen, und Linda Teddy zu Sparkys Haus begleitet hatte, war es auch Zeit für sie, ihr Faschingskostüm anzuziehen. Sie schlüpfte in die abgewetztesten Jeans und zog das älteste Hemd ihres Vaters an, das sie reichlich mit Stroh ausstopfte. Dann schminkte sie sich wie eine Vogelscheuche, setzte einen ausgebeulten Filzhut auf, den sie auf dem Dachboden ausgegraben hatte, und traf sich mit Jill und den anderen Freundinnen zum Faschingsumzug.

In Sarahs Haus trafen sie noch andere Schüler des Hamilton-Gymnasiums an. Herr und Frau Jones hatten ein reichhaltiges Büfett für ihre jungen Gäste aufgebaut. Man tanzte ausgelassen zu heißer Rockmusik und machte lustige Spiele. So drehte auf einmal Sarah das Licht aus, und jeder mußte im Dunkeln glitschiges Zeug an den nächsten weiterreichen, was sie für Würmer oder gestocktes Blut hielten, in Wirklichkeit aber nur Avocadostückchen, kalte Spaghetti und Ketchup war.

Linda war von der Party recht angetan und froh darüber, daß Toby nicht gekommen war. „Was meinst du, wie lange er mich noch gehänselt hätte wegen meines Kostüms, wenn er mich hier als Vogelscheuche gesehen hätte", sagte sie zu Jill.

Eine Woche nach Sarahs Party stellte Linda mit Besorgnis fest, daß Sunshines Zustand sich wieder verschlimmerte.

„Paps, hast du auch bemerkt, daß er wieder an Gewicht verloren hat?" fragte sie, nachdem der Tierarzt die Untersuchung des Cockerspaniels beendet hatte. „Er frißt kaum noch was und haart ganz stark."

Dr. Taylor rieb sich nachdenklich den Bart. „Das habe ich befürchtet, Kleines, aber ich wollte dich nicht beunruhigen. Erinnerst du dich, als ich dir sagte, wir müßten fest die Daumen drücken?"

Linda nickte und streichelte Sunshines Kopf.

„Es kommt ziemlich häufig vor, daß sich der Zustand eines krebskranken Tieres ganz unerwartet bessert. Warum, wissen wir nicht. Es kann auf die Behandlung zurückzuführen sein, aber auch ohne diese tritt oft eine vorübergehende Besserung ein. Dann sieht es ganz so aus, als würde das Tier wieder gesund werden ..."

„Und was ist dann?" fragte Linda, obwohl sie die Antwort kannte.

„Dann verschlechtert sich sein Zustand ziemlich rasch." Ihr Vater streichelte nun ebenfalls Sunshines weiches Fell. Der Hund winselte, als bereitete ihm sogar diese sanfte Berührung Schmerzen.

„Willst du damit sagen, daß trotz deiner Behandlung keine Besserung zu erwarten ist?“ murmelte Linda.

„Ja, so ist es“, erwiderte ihr Vater. „Ich kann sein Leben eine Weile verlängern, aber was für ein Leben ist das? Seine Schmerzen werden immer ärger werden. Und die Behandlung, der ich ihn bislang unterzogen habe, wird immer unangenehmer für ihn werden, je schwächer er wird.“

Linda schluckte. „Das möchte ich ihm ersparen, aber dann müßten wir womöglich tatenlos zusehen, wie er stirbt.“

„Nein, das werden wir nicht tun. Ich glaube, der Zeitpunkt ist gekommen, wo wir eine klare Entscheidung treffen müssen.“ Dr. Taylor legte eine Hand auf Lindas Schulter und sagte leise: „Du weißt, wovon ich rede, nicht wahr?“

Linda nickte ernst: „Du willst ihn einschläfern.“ Sie kämpfte gegen die aufsteigenden Tränen an. „Welch grauenhafter Gedanke!“

„Ich weiß, Kleines. Wenn ich ihm noch ein paar schöne Wochen bescheren könnte, würde ich es sicher tun. Aber es wird eine qualvolle Zeit für ihn sein. Du mußt dir vor Augen halten, daß Sunshine zwölf schöne Jahre hinter sich hat. Es ist nur ein Beweis von Liebe, wenn wir seinem Leiden ein Ende setzen. Sollten wir vielleicht zusehen, wie er einem langsamen und qualvollen Tod entgegengeht, nur weil wir uns ein Leben ohne ihn nicht vorstellen können?“

Erinnerungen an jene Zeit, da Sunshine ein drolliger kleiner Welpe gewesen war, mit dem sie als kleines Mädchen herumgetollt hatte, wurden in Linda wach. Er war stets ein sanftmütiger Hund gewesen, der es sich sogar gefallen ließ, daß Teddy ihn am Schwanz zog oder Erin ihm ein Ballettröckchen anzog und mit ihm durchs Zimmer tanzte. Wenn sie Sunshine aber jetzt betrachtete, mußte sie ehrlich zugeben, daß ihr Vater recht hatte.

„Ich glaube, wir sollten es jetzt auch Erin und Teddy sagen“, meinte sie leise.

Noch am selben Tag rief Dr. Taylor nach dem Abendessen seine drei Kinder zu sich ins Wohnzimmer. Er stellte sich vor den Kamin und machte ein ernstes Gesicht.

„Kinder, ich muß euch etwas mitteilen.“ Seine Stimme klang fast feierlich.

„Wird es lange dauern?“ platzte Teddy dazwischen. „Ich möchte nämlich nicht *Kampf im Weltall* versäumen, was schon vor zehn Minuten begonnen hat.“ Er ließ sich neben Jocko in den großen Armstuhl fallen.

Cleveland war auf den Kaminsims gesprungen und miaute.

„Ich weiß nicht, wie lange es dauern wird, Teddy!“ erwiderte sein Vater. „Das hängt davon ab, wie wichtig für euch die Angelegenheit ist.“

Erin schaute zuerst ihren Vater an und dann Linda. „Klingt ganz so, als wäre es was Ernstes“, sagte sie.

„Ja, etwas sehr Ernstes“, stimmte Dr. Taylor ihr bei.

„Ich möchte mit euch über Sunshine reden."

„Er ist wieder krank, nicht wahr?" sagte Teddy, und sein Blick schweifte zu dem Cockerspaniel hinüber, der zu Lindas Füßen lag. „Er war ziemlich oft krank in der letzten Zeit."

„Willst du ihn in die Krankenstation einliefern?" wollte Erin wissen. „Ist es das, worüber du mit uns reden willst?"

„Nein, das habe ich nicht vor." Dr. Taylor nahm in seinem Armstuhl Platz, der schon ziemlich schäbig aussah, aber noch immer sein Lieblingssessel war. Andy verließ seinen Platz, um sich zu ihm zu setzen. „Sunshine ist viel kränker, als Linda und ich vorgaben. Seine Krankheit ist unheilbar."

Es war mucksmäuschenstill im Raum. Dann brach Teddy als erster das Schweigen. „Heißt das, er wird sterben?"

„Nein, das kann nicht sein!" rief Erin. „Paps, du wirst ihn sicher heilen können."

„Ich wünschte, ich könnte es", sagte Dr. Taylor, und seine Stimme klang traurig. „Ich habe alles getan, was in meiner Macht stand." Dann erklärte er mit einfachen Worten, welchen Behandlungen er Sunshine unterzogen hatte.

„Eine Zeitlang hat es tatsächlich so ausgesehen, als ginge es ihm viel besser", warf Linda ein. „Aber jetzt ist Paps zu dem Schluß gekommen, daß es für Sunshine das beste ist, wenn ..." Sie brachte die Worte nicht über die Lippen.

Ihr Vater kam ihr zu Hilfe: „Linda will sagen, daß wir Sunshine unsere Liebe mehr beweisen können, wenn wir nicht zulassen, daß er noch lange leidet, sondern ihm das Sterben erleichtern."

Erin und Teddy starrten ihren Vater an, als ihnen klar geworden war, was er damit sagen wollte. Dann brach Erin in Schluchzen aus, und auch Teddy kämpfte vergeblich gegen die Tränen an. Er legte die Arme um Jockos Hals und vergrub das Gesicht in seinem Fell. Dabei drückte er den Hund so fest an sich, daß der knurrte. „Heißt das, daß du ... ich meine, willst du ..." Erins Stimme ging in lautem Schluchzen unter.

„Glaubt mir, Kinder, ich bin darüber ebenso traurig wie ihr, aber gerade weil wir ihn lieben, dürfen wir nicht zusehen, wie er eines langen und qualvollen Todes stirbt."

„Wirst du ihm dabei weh tun?" fragte Teddy leise und drückte sein Gesicht noch fester an Jockos schwarzweiß geflecktes Fell.

Dr. Taylor schüttelte den Kopf. „Nein, er wird gar nichts spüren. Wenn er aber noch weiterleben muß, wird er fürchterliche Schmerzen erleiden müssen."

„Paps hat recht", sagte Linda mit Tränen in den Augen. „Zuerst war ich auch dagegen, aber jetzt sehe ich ein, daß es sein muß. Es wird für uns alle ein schwerer Schlag sein – am meisten aber für Paps, denn er muß Sunshine einschläfern." Sie beugte sich zu dem Cockerspaniel hinunter und streichelte sein weiches Fell, unter dem sie deutlich die Rippen spüren konnte.

Dr. Taylor stand auf und streckte sich. Teddy und Erin kamen auf ihn zu und umarmten ihn. Linda gesellte sich zu ihnen, und einen Augenblick lang standen sie alle engumschlungen da. Die Tränen liefen den Kindern über die Wangen, und auch Dr. Taylor bekam feuchte Augen.

Da wurde Linda klar, daß sie seit dem Tod ihrer Mutter nie mehr so traurig gewesen waren. Doch solange sie sich gegenseitig hatten, würden sie auch mit diesem Kummer fertig werden. Das hatten sie schon einmal geschafft und würden es wieder schaffen, auch wenn es schmerzvoll war.

Zwei Tage später vergruben sie Sunshines Asche unter dem großen Apfelbaum hinter dem Haus. Auch Frau Racer war da und hielt Teddys und Erins Hände. Sie hatte einen Strauß weißer Chrysanthemen im Garten gepflückt, und als Linda diese auf den kleinen Grabhügel legte, sagte die Haushälterin leise: „Asche zu Asche, Staub zu Staub ..."

„Was nur kann geehret werden, ist ein wahrer Freund auf Erden", sagte Erin leise. „Das hat mir jemand in mein Poesiealbum geschrieben. – Sunshine war ein wahrer Freund."

Teddy nickte und wischte sich schniefend mit dem Jackenärmel über die Nase. „Ja, er war wirklich ein guter Freund. Jocko wird sehr einsam sein ohne ihn – und ich auch."

„Wir alle werden ihn sehr vermissen, Teddy", sagte

sein Vater und legte einen Arm um die Schultern des Jungen. „Der einzige Trost, der uns bleibt, ist zu wissen, daß wir das Beste für Sunshine getan haben."

Ein Platz für Andy

Während sie noch unter den kahlen Ästen des Apfelbaumes an Sunshines Grab standen und ein eisiger Novemberwind ihnen um die Ohren blies, hörten sie im Haus das Telefon klingeln. Linda wollte zuerst nicht rangehen, aber als das Läuten nicht aufhörte, sagte sie schließlich mit einem Seufzer: „Ich geh' schon hin", und steuerte auf den hinteren Hauseingang zu. Dort wurde sie von Jocko und Andy stürmisch begrüßt. Die beiden konnten nicht verstehen, warum man sie ins Haus sperrte, während alle anderen draußen waren.

Linda nahm den Hörer ab. „Hallo, hier bei Doktor Taylor."

„Guten Tag, spreche ich mit Linda Taylor?" fragte eine fröhliche Männerstimme. „Mein Name ist George Frick, ich bin der Leiter des städtischen Tierheims. Könnte ich deinen Vater sprechen?"

„Ah... er ist gerade draußen auf dem Hof", sagte Linda. „Kann ich ihm was ausrichten? Handelt es sich um einen Notfall? Oder ist sonst was vorgefallen?"

„Nein, kein Notfall", erwiderte Herr Frick. „Ich wollte deinem Vater nur mitteilen, daß wir einen Platz für den Welpen gefunden haben, den er uns vor ein paar Wochen angekündigt hat. Ich glaube, er ist in ein Teerbecken gefallen. Ein Ehepaar, so um die fünfzig, möchte sich einen jungen Hund zulegen. Es muß aber ein großer sein. Im Augenblick haben wir nur kleinwüchsige Welpen im Heim. Richte bitte deinem Vater aus, er soll uns den Hund in den nächsten Tagen bringen, weil wir einen Interessenten gefunden haben."

„Ich werde es ihm sagen. Vielen Dank, Herr Frick."

Linda legte den Hörer auf, und unwillkürlich fiel ihr Blick auf Andy. Ihr Vater hatte ihm die Bandage abgenommen, und er machte einen sehr munteren Eindruck, als er laut knurrend mit Jocko um ein quietschendes Gummitier kämpfte, das jeder an einem Ende mit den Zähnen festhielt. Nicht nur ihr würde der kleine Hund fehlen, auch Jocko würde sich ohne Andy ziemlich einsam fühlen, wurde Linda plötzlich bewußt. Wenn Andy jetzt ein neues Zuhause gefunden hatte, dann...

In diesem Augenblick wurde die Hintertür aufgerissen, und Teddy stürmte herein, gefolgt von seinem Vater, Frau Racer und Erin. Ihre Gesichter waren noch immer betrübt.

„Wer war es denn, Linda?" erkundigte sich ihr Vater, während er seine Windjacke auszog und Erin und Teddy am Küchentisch Platz nahmen und auf die heiße Schokolade warteten, die Frau Racer ihnen zubereiten wollte.

„Herr Frick vom Tierheim", erwiderte Linda. „Es handelt sich aber um keinen Notfall. Er wollte dir nur sagen, daß sie einen Platz für Andy gefunden haben. Ein älteres Ehepaar, das sich einen großen Hund wünscht."

„Ich verstehe." Dr. Taylor warf einen Blick auf Andy und Jocko. „Und was hast du ihm gesagt?"

„Ich habe nur gesagt, daß ich es dir ausrichten werde."

Andy ließ das Gummispielzeug los und sprang an Linda hoch, wobei er seine zottigen Pfoten gegen ihre Brust stemmte. Linda wies ihn sanft von sich.

„Ich finde, der Hund hat bereits ein richtiges Zuhause gefunden", brummte Frau Racer, während sie den Kakao auf dem Herd umrührte. „Erin, würdest du bitte die Plätzchendose aus der Speisekammer holen?"

Erin stand auf und sah ihren Vater fragend an.

Auch Teddys Augen, die neugierig unter der Baseballmütze hervorschauten, waren auf den Vater gerichtet. „Jocko hat Andy ins Herz geschlossen, Paps. Sicherlich kann er Sunshine nicht ersetzen, aber Jocko hat sich an Andy gewöhnt, deshalb wäre es vielleicht gut, wenn..."

„... wenn wir Andy behielten", führte Dr. Taylor den Gedanken zu Ende. „Aber das halte ich für keine gute Idee."

Linda hob Cleveland vom Küchenschrank herunter, während Frau Racer die Schokolade einschenkte. „Auch ich habe mich an Andy gewöhnt", sagte sie. „Und Cleveland ist bei weitem nicht mehr so eifersüchtig auf ihn, wie er es zu Anfang gewesen ist. – Andy, pfui!" wies sie den Welpen zurecht, als er den Kater in das Eßzimmer jagte.

„Ich weiß nicht so recht", meinte Erin und öffnete die Keksdose, „ob ich nach Sunshine wieder einen Hund haben möchte. Sunshine hat so viele Jahre mit uns verbracht, und Andy kennen wir erst seit ein paar Monaten."

„Ich kann deinen Standpunkt durchaus verstehen", pflichtete Dr. Taylor ihr bei. „Wir alle trauern noch zu sehr um Sunshine, um im Hinblick auf Andy eine Entscheidung treffen zu können. Aber wenn jemand ernsthaft an ihm interessiert ist, dürfen wir nicht im Wege stehen. Ich werde später vom Tier-Treff aus Herrn Frick anrufen." Er warf einen Blick auf seine Armbanduhr. „Linda, trink deine Tasse aus, wir müssen gehen. Ich habe Toby gesagt, wir würden spätestens gegen elf da sein, und es ist gleich soweit. Erin, wenn du willst, setzen wir dich an der Ballettschule ab."

Erin seufzte. „Okay, aber ehrlich gesagt, heute ist mir nicht nach Tanzen zumute."

Dr. Taylor rief Herrn Frick an und vereinbarte mit ihm, daß er am Montag, wenn der Tier-Treff geschlossen war, Andy ins Tierheim bringen würde. Herr Frick würde das Ehepaar Baumgartner bitten, noch am selben oder am darauffolgenden Tag den Welpen anzusehen. Linda hatte ihren Vater stets gern ins Tierheim begleitet, aber diesmal war sie froh, daß es nicht möglich war. Und als dann Herr Frick am Dienstag abend anrief, um ihnen mitzuteilen, daß Herr und Frau Baumgartner von Andy hingerissen waren und ihn gleich mitgenommen hatten, gelang es Linda beim besten Willen nicht, sich darüber zu freuen, obwohl sie sich sagte, daß Andy es nicht hätte besser treffen können. Auch Erin war nicht glücklich darüber, und sogar als sie den Tanz für die Aufführung im Altersheim einstudierte, war sie nicht mit ganzem Herzen dabei. Teddy erging es nicht anders. Er, der jederzeit zu Scherzen aufgelegt war, kam nicht wie sonst mit einem lustigen Witz an, um die anderen aufzuheitern.

„Wer hat Lust, morgen mit mir zur Stambaugh-Farm zu fahren, um einen Truthahn zu holen?“ fragte Dr. Taylor. „Am Sonntag soll es wieder einmal einen schönen Braten geben.“

Es war Donnerstag abend, und die Tierarztfamilie saß in der Küche beim Essen. „Frau Racer hat mir gesagt, Ezra Stambaugh hätte einen besonders großen für uns zurückgelegt.“

„Ich sicher nicht“, sagte Linda. „Du weißt, wie ungern ich dorthin gehe. Mir reicht es schon, wenn ich am Markt die gerupften Truthähne an Stambaughs Stand sehe. Aber auf der Farm sieht man, wie sie noch munter herumlaufen, bevor sie geschlachtet werden.“

„Das verlangt auch niemand von dir, Linda.“ Dr. Taylor wandte sich an die beiden anderen: „Na, Teddy, möchtest du mitkommen? Und du, Erin? Ich schließe morgen etwas früher die Praxis und könnte dich um halb sechs von zu Hause abholen.“

„Meinetwegen“, sagte Erin. „Ich habe zwar Frau

Racer versprochen, ihr beim Backen zu helfen, aber bis dahin werden wir vielleicht zurück sein."

„Hättest du was dagegen, wenn auch Sparky mitkäme?" wollte Teddy wissen. „Vielleicht würde sie das ein wenig aufheitern."

Dr. Taylor zog die Augenbrauen hoch und fragte verwundert: „Wieso willst du sie aufheitern?"

„Weil ihre Großeltern übers Wochenende kommen wollten und nun absagen mußten, weil beide Grippe bekommen haben. Und Sparky hatte sich so sehr auf sie gefreut. Ich werde ihr besser nichts sagen von unserem Truthahnessen am Sonntag, sonst bekommt sie womöglich Mitleid mit dem Tier."

„Für uns wird es sicher auch kein lustiger Sonntag werden", klagte Erin. „Es ist schließlich der erste ohne Sunshine."

Linda hatte den gleichen Gedanken gehabt, ihn aber für sich behalten. Plötzlich kam ihr eine gute Idee. „Warum laden wir nicht Frau Sparks und ihre Tochter zum Truthahnessen ein, Paps? Dann könnten wir uns gegenseitig aufheitern, oder zumindest es versuchen."

„Ja, das wäre prima!" Teddys Gesicht hellte sich augenblicklich auf. „Was meinst du dazu, Paps?"

Sein Vater lächelte. „Ja, das wäre wirklich prima. Eine gute Idee, Linda. Ich werde sofort Frau Sparks anrufen."

Er wollte gerade den Hörer abnehmen, als Erin sagte: „Hattest du nicht vor, auch Mike zum Essen einzuladen? Er würde sich sicher freuen, wenn er einmal nicht

8 4392-8

in Rosas Gasthof essen müßte."
„Ja, Erin, Mike kommt auch. Wir haben ihn schon letzte Woche eingeladen", beruhigte sie Linda. „Da Opa und Oma in Florida leben und wir sie so gut wie nie sehen, muß Mike sie uns ersetzen."
„Hallo, Catherine, Theodor Taylor am Apparat", meldete sich der Tierarzt. „Ich hoffe, ich störe euch nicht beim Essen... Dann ist's gut. Meine Kinder und ich wollten dich fragen, ob du am Sonntag nicht mit Sparky zu uns zum Truthahnessen kommen möchtest... Ja, Teddy hat mir schon erzählt, daß deine Eltern absagen mußten... Nein, ihr macht uns keine Umstände... Dann können wir also mit eurem Besuch rechnen? Sehr schön. Sagen wir um eins? Ja, und Teddy läßt fragen, ob Sparky morgen nachmittag mit uns zur Truthahnfarm fahren möchte. Das wird gegen halb sechs sein. Ich hole die Kinder bei mir zu Hause ab. Und wir sehen uns dann am Sonntag. Auf Wiedersehen, Catherine."
Kaum hatte er den Hörer aufgelegt, jubelte Teddy: „Sie kommen, hurra, sie kommen!" Gleich darauf machte er ein betretenes Gesicht und meinte kleinlaut: „Natürlich wäre es schöner, wenn Sunshine bei uns wäre, aber ein kleiner Trost ist es dennoch."
Dr. Taylor drückte ihm einen Kuß auf die Wange. „Du brauchst dich nicht dafür zu entschuldigen, daß du dich freust. Sunshine hat sich auch über jeden Tag gefreut, an dem er noch gesund und munter war. Das sollten wir nie vergessen."
„Ich wünschte, ich könnte Jocko erklären, was mit

ihm passiert ist“, sagte Linda und schaute auf den schwarz-weiß gefleckten Mischlingshund hinunter. „Er vermißt Sunshine ebenso wie wir. Aber Andy fehlt ihm sicher auch sehr.“

„Ich möchte zu gerne wissen, wie es Andy bei seinen Leuten gefällt“, meinte Erin, während sie mit Linda den Tisch abräumte. „Ich hoffe, die Baumgartners sind nett zu ihm.“

„Soweit ich informiert bin, geht es ihm ausgezeichnet“, sagte der Tierarzt. „Ich habe mit einer Angestellten des Tierheims gesprochen. Sie kam gerade von einem Besuch bei den Baumgartners zurück und sagte, daß es Andy sehr gut getroffen hätte.“ Er stach mit der Gabel in den Schokoladenkuchen, den Frau Racer gebacken hatte, und sagte: „Es gibt allerdings ein kleines Problem...“

„Was für eines denn?“ wollte Linda wissen und runzelte die Stirn.

„Herr Baumgartner hat gesagt, daß Andy jedesmal wenn die Haustür aufgeht, weglaufen möchte. Sie können nicht genug aufpassen.“

Jetzt zog auch Erin die Stirn in Falten und meinte: „Aber das bedeutet vielleicht, daß er sich nicht wohl fühlt.“

„Jocko macht das doch auch, und trotzdem ist er gern bei uns“, erinnerte Teddy sie. In diesem Augenblick klingelte das Telefon, und er sprang auf und rief: „Ich gehe ran.“

Am anderen Ende der Leitung war Sparky. „Was gibt

es denn?“ fragte Teddy. „Deine Mutter hat doch hoffentlich nicht ihre Meinung geändert? ... Das ist gut. Warte, ich frage ihn gleich.“ Er legte die Hand auf die Muschel. „Paps, Sparky möchte wissen, ob ihre Mutter einen Apfelstrudel mitbringen darf, und sie selbst möchte gerne Charly mitbringen.“

„Ja und nein“, lautete die Antwort des Tierarztes.

„Cleveland mag es nicht, wenn andere Katzen da sind“, erinnerte Linda ihren kleinen Bruder. „Aber du kannst Sparky sagen, daß wir ihm für Charly ein Stück Truthahn mitgeben, damit er sich nicht übergangen fühlt.“

Teddy richtete es Sparky aus und setzte sich dann wieder zu den anderen an den großen Eichentisch. „Sparky hatte schon damit gerechnet, daß Charly nicht mitkommen dürfe, aber sie wollte trotzdem fragen“, sagte er.

„Laßt mich mal überlegen...“ Anstatt ihre Nachspeise zu essen, kritzelte Erin etwas auf Frau Racers Küchenblock. „Wir sind also zu siebt am Sonntag“, sagte sie. „Linda, da du nicht mitkommst zur Truthahnfarm, kannst du in der Zeit Frau Racer helfen, das Festtagsporzellan zu spülen, und wenn Teddy und ich zurück sind, werden wir das Silberbesteck putzen. Und du, Paps, du mußt den Eßtisch ausziehen, damit wir alle Platz haben... Frau Racer bereitet schon morgen die Truthahnfüllung vor, die mit Kastanien und Äpfeln. Teddy, vielleicht könntest du morgen früh, bevor du zur Schule gehst, ein paar Äpfel vom Baum holen. Es sind nicht mehr viele übrig, aber für die Füllung reichen sie allemal.“ Sie blickte von ihren Notizen auf und strahlte. „Wir haben schon eine Ewigkeit keine Gäste mehr gehabt. Sicherlich werden wir viel Spaß haben.“ Doch auf einmal wich das Lächeln aus ihrem Gesicht, und ihre Stimme wurde traurig: „Oder doch nicht, schließlich ist...“

„O ja, wir werden viel Spaß haben“, fiel ihr Linda rasch ins Wort. „Wir können uns ruhig freuen, wie Paps gesagt hat. Das will nicht heißen, daß wir Sunshine vergessen haben.“

„Ich werde Sunshine mein Leben lang nicht vergessen“, meinte Teddy. „Und Jocko auch nicht.“

Als der Hund seinen Namen hörte, wedelte er mit dem Schwanz, aber sein Blick war traurig. Linda wünschte, sie könnte ihn aufheitern, denn seit er allein war, schien seine einzige Freude darin zu bestehen, Cleveland durchs Haus zu jagen.

Vielleicht würde eines Tages ihr Vater doch einwilligen, daß ein zweiter Hund ins Haus kam, dachte sie hoffnungsvoll. Natürlich wieder einer aus dem Tierheim, der ein Zuhause brauchte. Dann fielen ihr plötzlich die Baumgartners ein, und sie wünschte, sie hätten Andy nicht zu sich genommen. Aber das konnte leider nicht mehr rückgängig gemacht werden.

Eine freudige Überraschung

Es war kurz vor ein Uhr mittags. Durch das Haus der Taylors zog köstlicher Bratenduft. Sogar Linda mußte zugeben, daß der Truthahn äußerst appetitanregend war, wenngleich sie keinen Bissen davon anrühren würde. Aber auch sie sollte nicht zu kurz kommen. Denn außer der Kastanien-Füllung gab es Mohrrüben, Kartoffelpüree, grüne Erbsen und als Nachspeise Schokoladentorte, für die Erin den Teig gerührt hatte.

Am Abend zuvor hatte Frau Racer ihnen genau aufgeschrieben, wie sie das Essen zubereiten mußten. Am Sonntagmorgen waren sie alle früh aufgestanden, um sich in der Küche zu schaffen zu machen. Und nun war es endlich soweit, ihre Gäste mußten jeden Augenblick eintreffen.

Als erster stand Mike Strickler vor der Tür und wurde von Teddy freudig begrüßt. „He, Mike, Sie sehen aber toll aus!“ sagte er, als er dem alten Tierpfleger die Tür öffnete und dabei darauf achtete, daß Jocko nicht entwischte.

„Aber du kennst doch diesen Anzug“, erwiderte Mike grinsend. „Es ist der einzige, den ich habe. Aber du hast dich auch feingemacht, Junge. Dein Vater hat wohl deine Baseballmütze versteckt?“

„Nein das gerade nicht, aber er hat gesagt, daß sie

nicht zu meinem Rollkragenpulli paßt“, gab Teddy zu. „Ohne die Mütze komme ich mir wie glatzköpfig vor.“

Die beiden gingen ins Wohnzimmer, wo Mike von Linda, Erin und ihrem Vater willkommen geheißen wurde.

„Was für hübsche Kinder Sie doch haben, Doktor“, stellte Mike bewundernd fest. „Ich wußte gar nicht, daß dir Kleider so gut stehen, Linda.“

Linda errötete, und Erin sagte: „Das sage ich ihr auch immer, aber trotzdem rennt sie die ganze Zeit in Hosen rum.“

Es läutete wieder, und Teddy ging zur Tür, während Linda Jocko am Halsband festhielt. „Tag, Frau Sparks, hallo Sparky! Wow, du hast ja auch ausnahmsweise mal ein Kleid an!“

„Mama hat darauf bestanden. Aber wehe dir, du machst dich über mich lustig!“

„Philomena, fang nicht schon wieder an zu streiten!“ ermahnte ihre Mutter sie. „Vielleicht könntest du dich heute mal ausnahmsweise nicht wie ein Raufbold benehmen! Hast du mich verstanden?“

Erin nahm den beiden die Mäntel ab, und als sie das Wohnzimmer betraten, stellte Dr. Taylor seine Gäste einander vor. Linda nahm Sparkys Mutter den mitgebrachten Apfelstrudel ab und trug ihn in die Küche.

Frau Sparks folgte ihr. „Kann ich dir helfen, Linda?“ fragte sie.

„Kommt nicht in Frage, Frau Sparks. Sie sind unser Gast“, wehrte Linda heftig ab, während sie sich Frau Racers Schürze umband. „Gäste müssen sich bedienen lassen. Erin und ich, wir kommen sehr gut allein zurecht."

Frau Sparks lächelte und meinte: „Soll ich dir ein Geheimnis verraten? Ich koche leidenschaftlich gern, aber da ich den ganzen Tag außer Haus bin, habe ich selten Gelegenheit dazu. Frau Wilson, meine Haushälterin, kocht immer für uns. Wenn du mir eine Freude machen willst, dann gib mir eine Schürze und laß mich mithelfen."

„Wenn das so ist, können Sie gerne eine haben." Linda öffnete eine Schublade und nahm eine Schürze heraus. Erst als Frau Sparks sie sich umgebunden hatte, erinnerte sich Linda, daß diese Schürze immer ihre Mutter getragen hatte. Es kam ihr seltsam vor, sie an jemand anderem zu sehen.

„Linda, bitte komm!" ertönte Erins Stimme aus dem Wohnzimmer. „Jocko dreht durch!"

„Was heißt, er dreht durch?" fragte Linda, während sie ins Wohnzimmer eilte. Sie brauchte Erins Antwort nicht abzuwarten, denn sie konnte sich mit eigenen Augen davon überzeugen: Jocko raste im Wohnzimmer hin und her, sprang an jedem Fenster hoch und schaute aufgeregt hinaus. Er wedelte mit dem Schwanz und begann laut zu bellen.

„Entschuldigen Sie", wandte sich Dr. Taylor an seine Gäste. „Normalerweise führt er sich nicht so auf. Platz, Jocko, Platz!" befahl er, aber der Hund gehorchte nicht.

„Vielleicht hat er ein Eichhörnchen entdeckt", meinte Linda und schaute hinaus. „Auf die ist er doch so scharf." Sie machte große Augen. „Nein, es ist kein Eichhörnchen, es ist Andy!"

Tatsächlich rannte der Welpe, der noch immer recht drollig aussah, auf dem Hof herum. Die Zunge hing ihm aus dem Maul, und er sah aus, als lachte er.

„Er muß abgehauen sein", mutmaßte Erin. „O Paps, was sollen wir nur tun?"

„Als erstes holen wir ihn herein. Dann rufen wir bei Baumgartners an, damit sie ihn wieder abholen", schlug Dr. Taylor vor.

Er ging mit Linda, Erin und Teddy auf den Hof hinaus. Kaum hatte Andy sie gesehen, stürzte er auf Linda zu, sprang freudig bellend an ihr hoch und leckte ihr das Gesicht. Jocko rannte mit lautem Gebell um den Welpen herum. Nach dieser stürmischen Begrüßung gingen sie alle wieder zurück ins Haus.

„Sieht ganz so aus, als meinte der Kleine, hier wäre sein Zuhause", bemerkte Mike. „Ich nehme an, er möchte den Sonntag mit seiner Familie verbringen."

Frau Sparks lachte. „Ich habe noch nie einen so komischen Hund gesehen!"

Als Linda endlich die beiden Hunde beruhigt hatte, ging Dr. Taylor ans Telefon. „Ach, Erin, könntest du mir bitte die Nummer von Baumgartners heraussuchen? Ich will sie sofort anrufen."

„Aber Paps, wenn Andy weggelaufen ist, dann..." begann Erin, doch ihr Vater unterbrach sie.

„Es ist ihr Hund, und sie machen sich bestimmt seinetwegen Sorgen."

Widerstrebend und entsprechend langsam suchte Erin die Telefonnummer heraus und las sie ihrem Vater vor, während er sie wählte. Es war ganz still im Raum, als er sagte: „Herr Baumgartner? Hier spricht Doktor Taylor. Ich wollte Ihnen nur mitteilen, daß Ihr Hund bei uns ist…"

Linda hielt den Atem an, gespannt, was Andys neuer Besitzer antworten würde.

Ihr Vater zog die Stirn kraus und sagte nach einer Weile: „Ich verstehe. Aber Sie dürfen nicht vergessen, daß er noch sehr jung ist, und junge Hunde sind nun mal sehr temperamentvoll… Wollen Sie ihn ins Tierheim zurückbringen?"

Erin und Teddy, die links und rechts von Linda saßen, ergriffen deren Hände und hielten sie fest umklammert, während sie den Worten ihres Vaters lauschten.

„Ja, ich verstehe, Sie haben Ihre Meinung geändert. Es besteht kein Grund zur Besorgnis… Ich bin sicher, wir werden wieder einen guten Platz für ihn finden… Sie hören morgen wieder von mir. Dann wünsche ich Ihnen noch einen geruhsamen Sonntag."

Kaum hatte Dr. Taylor den Hörer aufgelegt, sagte Frau Sparks: „Sag mal, Ted, erwartest du noch einen weiteren Gast?"

„Heißt das, Paps, daß wir Andy behalten dürfen?" fragte Linda.

Ihr Vater lächelte sie und Frau Sparks an. „Ja, wenn ihr alle damit einverstanden seid."

„Ja, ja, ja!" riefen Teddy, Erin und Sparky wild durcheinander und sprangen vor Freude im Zimmer herum.

„Das ist wirklich vernünftig, Doktor", brummte Mike

und streichelte die beiden Hunde. „Darauf hätten Sie schon früher kommen sollen."

Dr. Taylor klopfte ihm auf die Schulter und grinste: „Wissen Sie was, Mike? Sie haben völlig recht!"

Endlich, gegen zwei Uhr nachmittags, waren sie soweit. Die beiden Hunde und Cleveland hatten ihr Futter bekommen, und die Tierarztfamilie und ihre Gäste nahmen im Eßzimmer Platz. Der Kater war als einziger nicht über Andys Rückkehr erfreut, und Linda hielt es für besser, ihn auf ihrem Zimmer zu füttern, damit sich die beiden nicht in die Wolle kriegten. Dr. Taylor hatte Frau Sparks einen Platz am oberen Tischende angeboten, so daß sie ihm gegenüber saß. Erin flüsterte Linda zu: „Schön, daß Sparkys Mutter da ist, nicht wahr? Ich freue mich schon auf ihren Apfelstrudel."

Dann trug der Tierarzt den knusprigbraun gebratenen Truthahn auf und sagte: „Ich glaube, wir sollten heute alle dankbar sein für all das Schöne, das uns das Leben beschert hat. Ich freue mich, daß wir alle hier beisammen sind."

„Und ich freue mich, daß Teddy mich heute noch nicht an den Zöpfen gezogen hat", platzte Sparky heraus und streckte ihrem Freund die Zunge entgegen.

„Ich freue mich, daß ich so liebe Freunde habe", sagte Frau Sparks und lächelte allen zu. „Und dir, Ted, vielen Dank für die nette Einladung."

„Und ich freue mich, daß ich noch alle meine Zähne habe, damit ich jetzt ordentlich zubeißen kann", meinte

Mike mit einem breiten Grinsen, das seine kräftigen Zähne bloßlegte.

Dann war Linda an der Reihe. Sie schaute in die Runde und zögerte einen Augenblick, ehe sie das Wort ergriff: „Und ich freue mich darüber, daß wir so viele schöne Jahre mit Sunshine verbringen durften, als er noch gesund und voller Energie war.“ Ihr Blick fiel in eine Ecke des Eßzimmers, wo Jocko und Andy sich um ein Gummitier balgten. Und mit einem glücklichen Lächeln im Gesicht fuhr sie fort: „Und ich freue mich, daß Andy zurückgekommen ist, denn hier ist sein Zuhause.“

Spannende SchneiderBücher von Virginia Vail:

HABE ICH		WÜNSCHE ICH MIR
	Tierarzt-Praxis Birkenallee 7 (Band 1) **Linda wird überall gebraucht**	
	Tierarzt-Praxis Birkenallee 7 (Band 2) **Ein Hundeleben in Gefahr**	
	Tierarzt-Praxis Birkenallee 7 (Band 3) **So ein Affentheater**	
	Tierarzt-Praxis Birkenallee 7 (Band 4) **Die Tierliebe siegt**	
	Tierarzt-Praxis Birkenallee 7 (Band 5) **Rettet das Tierheim!**	
	Tierarzt-Praxis Birkenallee 7 (Band 6) **Jedes Tier braucht ein Zuhause**	
	Tierarzt-Praxis Birkenallee 7 (Band 7) **Hundesalon Seidenglanz**	
	Tierarzt-Praxis Birkenallee 7 (Band 8) **Dem Tierfänger auf der Spur**	
	Tierarzt-Praxis Birkenallee 7 (Band 9) **Ein Hund zuviel**	